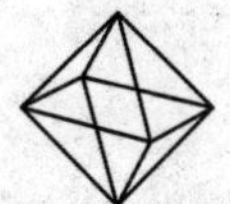

天河世纪
GALAXY
The Galaxy books

我不喜欢别人叫我Leslie或张国荣，我喜欢大家叫我哥哥，因为很有亲人的感觉。

——Leslie

Wild Wind,
Biography of Leslie Cheung

不羁的风

张国荣传

张国荣 著

长江出版社
CHANGJIANGPRESS

在乐坛多年，我最大的收获并不是名和利，而是获得一帮忠实的拥护者。他们对我的支持，令我对自己更有信心，他们对我的爱戴与拥护实在令我非常感动。

——Leslie

目录
CONTENTS

CHAPTER 01

童年和家庭

童年时的家庭

我记得我的童年是不同爸爸妈妈一起住的。好多人都会说这怎么可能，但就是有这么凑巧的事发生在你们所熟悉的我的身上。那我现在说的时候，这些往事都已成为过去时！没有了那时的辛酸，没有那么不开心。但还是有些不愉快。

虽然现在年轻人不应该太介意自己的过去，但是，讲起自己童年的时候，真的，张国荣的童年并不是别人想象中的那样：有那么多人疼他，是可以任性地把玩具随便扔的孩子。因为我根本就没有什么玩具，我记得我小时候，其实也是有一些玩具的，但是不多。记得最宝贵的就是一部三轮车，那是一部小单车，会叮叮响的那种。

我家的房子在香港的湾仔，那就是我童年时生活的家。那里是一间老房子。我外婆，还有两个用人，还有一班兄弟和姐姐，其实不是弟弟，是一帮“姐兄”住在一起，因为我在家里排行第十。我认识很多一九五几年出生的同学，几乎每个家庭都有十几个孩子，甚至可以说我家算“中等”家庭（在孩子出产量方面），但“品质”就不知道了。

我的爸爸呢，是一个在洋服界很有名的人，妈妈一早就和他结了婚，然后就生了我们这一堆的孩子！后来妈妈帮我爸爸做一些文书上的工作。我的爸爸不算是特别有钱的家庭出身，可以说是白手起家，他在洋服制作界受到很多人的尊重。当时像加里·格兰特、马龙·白兰度、威廉·霍尔登等好莱坞巨星也曾专程光顾，在他那儿定做衣服。所以那时候他有个外号叫Tailor Cheung。

好老土的名字，叫Tailor Cheung，好像人家外国人那样叫

Cheung。不过这些对我的童年影响不大，对我影响最大的是我童年的时候从来没有跟父母一起生活，这让童年的我非常失落。导致这样的原因很简单，就是大人“自私”。

听说我的爸爸是非常“喜欢女人”的，爸爸和妈妈在香港中环的一个单位有两层楼，楼下一层用来住，楼上一层是工场，理由是要看管着工人，所以没有跟我们一起住。但是我想那时候大人是没有想过小孩子内心的想法的，或许是因为自己的不幸，我的爸爸妈妈没有太在乎他们的孩子的内心想法。

或许那时也没有后来想得那么开，那个阶段所有的一切都是由大人做主和安排的，他们并没有在乎我们想干什么，那时也没有虐待儿童要受到法律制裁的规定。我不是说我爸爸妈妈虐待我们，我想小时候被爸爸妈妈打一下其实是一件好事，但我连这样的经历也没有，更别说渴望星期天的时候和爸爸一起拿着相机去外面照相了。

爸爸和我之间有一件很讽刺的事儿：有一次我到我爸爸的办公室，在那里见到一些世叔伯。他们就问我："怎么样啊？仔仔……"因为我小时候长得很好看，大大的眼睛，鼻子很小，嘴巴红红的，像个公仔似的。爸爸的那些所谓的朋友见到我就说："你真是可爱啊，怎么样啊？爸爸有没有请你去喝茶啊？"

我那时候只有6岁，刚读一年级，就说了一句很怪的话，不知道我爸爸听见了会有什么感觉，不过我想他应该也没有什么感觉，之后照样这样对我。我说："我同他都不熟的。"但是我爸爸始终都没有对这句话有反应。

我爸爸是很"喜欢女人"的，知道半岛酒店在哪儿吗？就在尖沙咀那边，现在是香港一家数一数二的豪华酒店！我爸爸就在那里租了房间，常常会约一些美丽的女士去"谈心"！而我妈妈就像电视里演的那样，有时会请一个私家侦探去调查。

我有两个妈妈，就是我所谓的生母和继母，她们在一起住过。两个女人和一个男人生活在一起，肯定会让彼此不愉快的。曾经就因为妒忌的问题，我的继母用尿淋过我。好了，童年好不开心的事情就暂且说到这里了。

六 姐

有很多人不明白为什么直到今天我还要和我的六姐一起住，其实理由很简单，如果你听完我下面说的话后，你也许就会明白其中的原因了。那是因为小的时候，我通常很“孤立无援”。

大姐和二姐经常在一起，她们有很多共同的话题聊，还可以比谁打扮得更漂亮一些！排行第三和第四的兄姐很早便去世了，排行第五的姐姐和第六的姐姐在年龄上差不多，她们经常一起玩。以及七哥和八哥年龄差不多，他们经常在一起。排行第九的出生不久就又回到了“楼下”，就是死了的意思。剩下的就是我，排第十。

八哥大我八岁，我想我的八哥也努力地疼爱过我，但始终因为年龄相差比较大，我们还是玩不到一起。因为他八岁的时候我才刚出生，到他18岁的时候我才10岁。所以大家始终都有分别，无论是玩的东西还是其他方面。

但是我觉得我小的时候是出奇安静的男孩。大家或许会问："你怎么会知道？"知道的理由是六姐告诉我的。我小时候住的地方因为是旧楼，所以比较大。打个比方，就是当家里客厅有很多客人的时候，即使我单独一个人藏在房间里，外边的客人也不知道其实里面还有个小孩的。就是只要我不去哭闹，大人们根本不会发现我，更不会来陪我。我经常会独自藏在房间里，我想这是不是我当时对大人们"无声的抗议"呢？

但是很快，没有多少值得我铭记的事，也没有什么值得我留恋的人，我就这样度过了我的童年。唯一记忆比较深的就是我外婆的去世，那是我第一次目睹人的死亡，这给我留下了一个非常深刻的印象。

外婆去世

那是我上一年级的时候，那一年在我身上发生了很多事。有一天，我放学后，六姐照例来接我。她对我说："你待会儿不要怕啊，婆婆睡着了。"什么"睡着了"啊？那时候我虽然还小，但我觉得我比其他的小朋友懂事多了，不知道是不是因为那时候八卦，经常会去看那些粤语的长影片，有一种不好的预感。

回到家就见到我的表哥、表嫂全部都来了。不对，应该不是表嫂，应该是表妹，因为那时候表哥还没有结婚。然后我看到表姐们在哭，舅妈们也在哭，我表哥就对我说"阿十"，因为我小时候家人都叫我"阿十"，他说："你来看看外婆吧，她去世了。"

然后我看见外婆死在我的房间里面。我小的时候就习惯和外婆一起住在旧楼的一间大大的房间里。

她死的时候大概七十五六岁的样子，但是她从六十多岁的时候就已经瘫痪了，整天在藤椅上度日，除了有人会帮她清理身体、喂她进食外，她也算是个孤独的老人。

有差不多十年，她起床时就坐在那藤椅上，睡觉时会有人扶她到床上去睡。我只是见到死后的外婆依然坐在那把藤椅上，她嘴巴是张开的，皮肤的颜色已经呈现瘀状的紫黑色了。然后我又发现有很多负责收尸体的人来到我家收我外婆的尸体，大人都很忙。

后来我们就到了殡仪馆，那也是我有生以来第一次去殡仪馆。等我们过来的时候，我见到我外婆的照片放在灵堂的中央，然后我又很害怕，不敢进去看。但在我外婆出殡的那天我看到了我外婆的样子，觉得她没有什么变化，只是穿好了衣服，被人用块布盖着。

大殓的时候是会见到她的样子的，她被人围着看，然后我记得最清的是那个“道士”说：“你们的眼泪千万不要滴到棺材上啊，不然她死了以后就不能还阳的啦。”我开始听到这些“很玄”的事情了。讲完死的事情，我下面讲讲结婚的事情。

父　　亲

在我小的时候，我就对婚姻不太信任了，或许就是父母亲的原因吧。我最喜欢的一个舅舅结婚的时候，他娶了一个舅妈回来，其实后来我是最喜欢这个舅妈的。但那个时候我有种抗拒感，一看见她就放声大哭，一直哭到让六姐都不能吃完那顿喜酒，就急忙抱着我走了，我当时一见到她就会哭，甚至用手去抓她。

就是这样，我度过了我的童年。

我小的时候，我爸爸很爱游冬泳，其实不只是我小时候，他一直到很大年纪也依然去游冬泳，直到我读到中学，甚至出来工作后，他依然保留着这个爱好。

其实那时候时兴游泳棚，公共泳池不多，最多也就维多利亚公园有一个公共泳池。在当时西环某个地区的游泳棚里，有很多人在那里游泳。

小时候没有什么事情干，特别是每到暑假的时候，我爸爸没有时间带着我去兜风，我就经常跟六姐搭两毛钱的电车，到西环去游泳。

爸爸是那个泳棚的团长。最搞笑的是，有一次，我从泳棚的石阶走下去，看到我爸爸和他的朋友，我爸爸就像见到了一个好朋友的儿子，仿佛彼此之间非常陌生，甚至觉得我不像是他的儿子一般。他就摸摸我的头，在他的口袋里拿了一大堆硬币给我，那时候硬币算是很值钱的，因为牛奶才两毛钱一瓶。他给了一大堆硬币给我，我当然把它们都给了六姐，我不懂得如何来用这些硬币。

游泳趣事

又要讲回我游泳的事情了！我记得小时候，我非常喜欢我的泳裤。当时我的泳裤没有大家现在穿的那么性感，我也不知道是什么牌子的，是在一家叫美美童装公司那里买的。这条泳裤的颜色非常花哨，底色是白色的，上面有很多红色、绿色及蓝色的小鱼。

我们经常游泳的泳棚分为两个区，一个是沙滩区，另一个就是练习棚。不知道大家是否记得一些用泡沫做的救生圈，那时也是刚流行。以前是用车胎做救生圈，用来练习游泳，后来就发展到用泡沫做救生圈。

可能我当时的屁股比较小，用的救生圈也小。我当时把屁股塞进救生圈里用胳膊往外划着艇，不知什么原因，一个浪突然打过来，救生圈就翻了，当时我就出不来了，就是屁股朝天，头扎在了水里。

俗话说，“三尺水淹死人”，那时候泳池里的水确实只有三四尺深，我在挣扎的时候，还望见六姐在旁边远望海景，她都不知道我在水中遇险了。

我喝了很多口水，后来靠着最后一口气一挣才撑出水面，那是我的第一次“水险”。

还有一次，外面刮着风，我跟哥哥们一起在游泳，我已经告诉大家我是跟我的哥哥们去游泳。我前文已经说了我的八哥，我们相差八岁。

那个时候八哥的身体是很健壮的，做海童军的，身材很坚实，当时他有很多女朋友的。但是现在就不同了，现在已经发福了，胖得像只熊，已经胖到三十六寸的腰围了。

我又像往常一样拿着那个救生圈游泳，那天刮着风，是不允许我们出海滩的，要游泳就得去练习棚那里。所谓的练习棚就是几条木桩围起来的一个地方，其实也都是海的一部分，只不过有些东西拦着，有救生员看着而已。

海面有很多的“海蚱”，不知道是不是刮风的原因，这些著名的海底产物都突然浮到了水面。我在游泳的时候，发现旁边就有一只“海蚱”，我想爬上木桩的，但是那些练习棚的木桩是很高的，在那时我的身高离四尺还差一寸半，是很难爬上去的。即使见到身边有这么一只大“海蚱”，我用尽气力往上爬还是会再掉进海里。在千钧一发之际，有个人在我旁边游过，他真是厉害，用一只手一抽就把“海蚱”给赶走了。

这就是我的第二次“水”险。

第三次经历“水险”是和我的大姐一起。大家看报纸都知道谁是我大姐，就是你们都很熟悉的张绿萍。她谈恋爱的时候同男朋友去宿营，带着我们这群兄弟姐妹。那次我们一起游泳，我的哥哥，就是现在胖得不像话的那个，他泳技是很棒的。但我的七哥是不会游泳的，即使现在我想他也不会游泳，他还需要救生圈。

当时，我跟我姐坐在一张浮床上，然后我抱着个救生圈，哥哥们都在浮台上。

然后我那不会游泳的七哥一跳就跳到我的浮床上，这个人真是没有脑子的，有什么理由从浮台跳到我的浮床上啊！

以为这样就可以坐在浮床上，大家说他是不是没有脑子啊？浮床就这样被他整翻了，其实我还有一个救生圈，但他居然还把我的救生圈给拿去，然后自己游走了！

我被掀翻在水里，其实确实是没有什么危险的，因为在我身边还有我的未来姐夫和他的表哥等人，但在一刹那，我发现我这个哥哥真的是挺自私的。

七哥和八哥

我这个感觉是没有错的，到后来很多事情都让我确信我这个哥哥真是很自私。

说起他的自私，从很小的时候就开始了，游泳那次是第一次，到现在我还记得。还有一次是，我们以前住的旧房子，为了节省地方，我们兄弟要睡上下铺。三个兄弟住在一间房间的时候，就喜欢用一张三层的铁床。我其实是最喜欢睡最下面一层的。

但是玩的时候，就是每一层都会跑来跑去的。他说跟我玩“大风浪”，让我爬上第三层睡床那里，他就在第二层的睡床里叫着“很大浪，很大浪”，还很大力地用脚撑、踢那些木板，最后终于把我给摔下来了。

结果我就从第三层睡床上跌到地下，真的痛死我了。那时候我就有点讨厌我这个七哥了，我觉得他有点喜欢虐待我，不过那时候还不知道“虐待”这个词。“虐待”这个词也没有现在这么普遍。

我另外一个哥哥为了争着和我玩，他们两个就打架。那我这个胖得像熊一样的哥哥呢，也就是我八哥，其实对我是极好的。我记得小时候做了一件很愚蠢的事情，我们家有一张乒乓球桌，他们在玩乒乓球的时候我就在旁边研究那些乒乓球，我那时想，怎么做才可以把那些球做得那么圆？

不知道你们小时候有没有这种习惯？就是喜欢把东西塞进嘴里。

我就好奇地把乒乓球塞进了嘴里，然后呢，就发现自己喘不过气来了。我赶紧走到八哥面前，“呜呜呜”哭泣着用手指着嘴告诉他，他就用手帮我把乒乓球挖出来了。我现在想起来，那个现在胖得像熊一样的哥哥，说实话，对我确实挺好的。

我最好的同学

不知道大家小的时候有没有这种经历，就是有些要好的同学，大家喜欢手拉着手，谈天说地。我也有这样几个要好的同学，经常手拉着手，就类似“岁寒三友”。刚好他们一个姓刘，一个姓关，而我姓张，巧吗？就像桃园三结义那样。

除了这两个同学，还有一个姓许的，我们四个人的关系是最要好的。现在，虽然我与姓刘和姓关的同学没有怎么联络，但与许姓同学仍旧有来往。

许姓同学是潮州人，说起来我们确实是很好的同学。我们从一年级就认识了，一直到中学才分开，我去了英国读书，他去了加拿大读书。即使现在大家都长大了，有烦恼的时候，我们依然会互通电话。

记得小的时候，他长得很可爱，胖乎乎的，有时候挺羡慕也挺嫉妒他的，因为他的爸爸妈妈对他很好。他爸爸是的士司机，妈妈是新加坡华侨，就是生活得很幸福的那种女人，不需要到外面干活，他和爸爸妈妈一起住。

那时候才知道什么叫“招郎入舍”。他爸爸就算招郎入舍那种。

他外公是一个法律顾问，也是一个开船厂的有钱的知识分子，但是因为内地环境的关系，他要结束船务的生意来到香港。我不是太明白那时的人逃难的心情，但从表面上来看，他们实在是一个很幸福的家庭。至少他们的女儿结婚是不需要嫁到外边的。

就连我同学的姨、姑姑以及姑夫也是一起住在那里的。这位许姓同学有一个堂妹，这个堂妹和他一起住，也跟我们一起上学。

他们家确实很多人都比较胖，他的堂妹也是有些肥胖的。

圣路琦小学

大家经常问我小时候上的是哪个学校。我是在圣路琦上的小学。因为我大姐跟她以前的丈夫都是在圣路琦小学当老师，她当然是教高班，教中五、中六的。

我那时刚好从幼儿园跳班，从幼儿园的低班跳到一年级，然后就进了圣路琦小学读书。后来成绩就下滑，留级了。其实不奇怪的，大家试想一下，幼儿园低班的学生直接学一年级的内容，很多知识根本是不懂的。

这样，就要再读一年了，其实是补念幼儿园高班。当我读了两年的一年级后呢，就一直都顺利升级，到了六年级。其实在这个阶段，没有什么特别值得记住的，唯一记住的是我其中一个姐姐，排行第五的姐姐开始帮我补习，我那时就接触到什么叫作写大字了。

我很讨厌这东西的。我已经这么多作业要做了，晚上还要写什么“上大人、孔乙己”之类的毛笔字。又说我的英文字不漂亮，要我写钢笔字。大家都知道钢笔字是很难写的，还是蘸墨水那种。不知道大家现在还有没有了，应该没有了，现在应该都是圆珠笔了，或许大家有空去书局问问有没有一些钢笔让试写。

钢笔是一种长长的，大概有9寸长的棍，然后自己插一些笔筒进去，至于粗细，任君选择。还要买一瓶墨水，蘸一蘸就写几个字啦，一会儿它就会干的，大家就要在它未干之前再蘸墨水。

但是这样可以培养你的耐心，字也会写得整齐美观。我觉得这个对我没有什么帮助，因为我现在的中文字和英文字还是那么丑。

读书的时候唯一记住的就是这个东西，还有就是我的姐姐对我很严厉。

大姐张绿萍非常严厉

我记得我那个胖得像“熊”一样的哥哥是同大姐打过架的，就是为了一件事情。

我是小时候读书都不算偷懒的孩子，每次考试都在前十名。但是我姐姐永远都不满足，那个时候她就拼命地监督我读书，可能是受到家庭的影响，认为一个人要自立和不能输。其实她也是因为爱我才这样做的。

刚开始，我觉得压力很大。有一次，我被先生罚留堂，其实是一件很小的事情，她回来就责骂我，越骂越生气，就拿起挂衣服的木衣架打我，还是我爸爸公司制作的衣架。

衣架“咚咚”打到我身上，都被打烂了，我的“熊哥哥”就看不过眼了，对她说：“喂，你知不知道这样会把人打伤的？”她就说：“我教弟弟关你什么事啊？”“你试下好不好啊？”那件事情发生是大姐在打坏了衣架之后还没有消气，就拿了我哥哥上中学时用的皮带打我，我哥哥很生气，就说：“你不知道痛呢，拿你试下啊！”

然后我哥哥就拿皮带去打大姐，就这样，他们两个人打起架来。我姐姐打架很厉害，那真是不逊于那些男孩子的，那时候呢，她拿着个玻璃做的可乐瓶，去敲我哥哥的头，最后把我哥哥的头都打破了。当然，这只是我家日常生活中的一个小插曲！

读书的时候校园里肯定分成几派的：一派是读书好的，一派是运动好的，一派就是追女孩厉害的。

我在那个时候是属于读书好一派的，运动呢？在小的时候我个头其实是很矮的，当然现在也不算高啦！大家都知道，不过也就算中等身材吧！

小的时候上体育课，就在学校附近的公园那里，那时候，只有规模大一些的学校才会有自己的运动场地，一般的学校是没有自己的运动场的。我那时候读的圣路琦小学就是没有的，每次上体育课的时候呢，说起来都挺傻的。

上体育课一共45分钟，走到公园已经花了15分钟，走回来又花了15分钟，所以其实只有15分钟在上体育课。

其实，我并不是十分喜欢上体育课，不过有一样东西是喜欢的，那就是喜欢穿体育课的衣服。因为舒服嘛，就穿条小短裤。或许很多人都不知道，我上学穿短裤，会被家里人说邋遢。

为什么呢？理由就是我穿一对白色的长袜，穿白色的短裤、白色的衬衫，衬衫上戴着一个校章。可能是那里的凳子很脏，磨着磨着，后面就会有一片黑色的东西，天天回到家都是这样的。

最讨厌的就是穿那对长袜，或许是那对长袜的质量不好，开始穿新袜的时候会很贴，但是多穿两次，多洗两次以后呢，穿的时候袜子就会滑下来，所以六姐帮我买一些用来缝裤头的粗橡皮筋回来帮我缝在袜子上。我穿起来就会箍着脚，永远勒得我痒痒痛痛的，但是我小的时候没有什么抱怨的，也没有什么抗议的。

在那个时候我读书是挺厉害的，我记得有两年中文拿了全小学的第二名和第三名，但我姐似乎很执着，对我的成绩都很紧张，或许应该是过分紧张，使我到小学后期有强烈的抗拒感。

我记得小学的时候是读旧数的，其实最大的问题是新数和旧数我总是搞不清楚，读新数的时候我已经转到大家知道的玫瑰岗中学。

在那里我换了一个新环境，六姐就再也没有带我上学和接我放学了。

玫瑰岗中学

我在玫瑰岗上学后，开始过一些大孩子的生活了，就是要搭校车。从我家到学校全部的东西都觉得很生疏，每天要念经啦。

直到现在我都觉得自己不是那么虔诚。还有我对基督教、天主教、佛教这些也都不太了解。那时没有什么厉害的，真的是这样的，或许这也是我唱歌生涯的开始。

我记得我对天主教、基督教没有什么认识，但是那时候我数学比较差，不过有几位老师还是比较喜欢我的，就是因为我英文挺好。英文成绩在整个年级算是数一数二的。

所以先生就选了我，不知道现在念天主教、基督教学校的学生是否也是，放学前要先念一段时间的经才能放学。就这样选了我，所以我经常都要念，要领导全班来念，开始就被有些人嫉妒了，觉得“有什么了不起，我不会念吗？为什么要你带着念”。

后来我就产生逆反心理了。到了中学，我对读书就没有多少兴趣了。不知是不是像我刚才说的，我姐在小学逼得我太紧，而且在初一的时候我要学新数，她也不会新数，所以就请了一个补习老师给我补课。

那个补习老师不是很用心地去教我，我也没有用心地去学，所以那时除了英文外，我对其他科目都没有兴趣。后来我对运动是越来越感兴趣了。

启发我唱歌的人

这时候也开始有一些奢侈品。就是买一些比如PUMA（彪马）、adidas（阿迪达斯）的球鞋穿来打篮球。

然后发现这个学校跟以前的学校很不同，全部是讲英文多于中文的，为了不落后于别人，所以就要经常练习讲英文。

还有我们的校长在训话的时候也是讲英文的，开始的时候真是不知道他讲什么，到后来终于可以跟他沟通一下了。

这所学校很多人喜欢姚苏蓉。

那时候我们学校是一个男校，但也有几个男生扮作姚苏蓉，显得很好笑，好笑到令我们捧腹。

我也不知道为什么他们能找到一些Music Minus One，就是除了自己唱歌的声音能唱现场外，全部都有伴奏的，但又没有姚苏蓉的原声。

我还记得这个同学，他就是用那种娘娘腔唱的。现在不知道他做什么去了。我们那时候经常打球，开始参加一些班级、校级赛。而我的羽毛球就打得不错，有几次很害怕的，因为要跟校长打羽毛球。但是又觉得很荣幸，那时也有些虚荣心，居然可以跟校长打羽毛球。

但那时我只是去看一些表演而没有参加，也不知道自己会唱歌。你们认为我什么时候才知道自己会唱歌？你们知道谁启发我唱歌？就是姚苏蓉。

以前的音乐没有现在传播得这么好，我们读书的时候只有少量的国语歌和英文歌，粤语歌一点也不流行。说起英文歌，就会想到CCR、Deep Purple等乐队，但是那时候我们不是那么喜欢听那类的英文歌曲。

有一段时间这个姚苏蓉在香港很火，在《欢乐今宵》被当作贵宾。她来香港的时候，全场爆满，我也有去看过，就香港歌剧院那些地方吧。她被称为“泪盈歌后”嘛。

那时候开始有很多人模仿她唱歌，我看看又觉得很有趣，就买了些她的唱片来听。其实买唱片的是我的胖得像“熊”一样的那个哥哥，他买了在听，后来我也拿去听了，慢慢就会唱她的歌了。

现在你问我姚苏蓉唱过什么歌？我会的，不骗你啊，什么《今天不回家》等，我会唱的。

难忘的两部外国片

再长大一些开始会听一些英文歌，又去看一下外国电影了。最深刻的外国电影，在中学时期有两部，一部是叫作《殉情记》，男女主角都好看得不得了。

另一部是《玉女含苞》，电影的英文名叫《Jeremy》，那些歌真的很好听。大家知道那首主题歌吗？叫《Blue Balloon》。在那时开始听很多英文歌，最记得那出《殉情记》的CD，是一支Original sound track。

不知道为什么会这样的啊！我记得最清的是当时我连CD里面的对白都会跟着念。过了这个阶段后就是“求偶”的阶段了。

CHAPTER

02

懵懂的初恋

初　　恋

张国荣要开始讲自己的恋爱史啦！

哇！现在终于步入正题了。开始讲我的恋爱史就厉害，揭秘啊！首先讲我的puppy love，我查过字典，最确切的中文意思是“青春期之短暂迷恋”。

就是从小学时候，你们说早不早熟啊？我记得那时应该是7岁左右。我还记得那个女孩姓邝，叫“曼研”。哈哈，不小心把名字也说出来了，厉害吧！我就是“要么不说，一说就全部说出来”。

小时候念书真是觉得这个女孩很漂亮的，其实现在想来我当时也没有看走眼，她还是算比较好看的。她长长的清汤挂面的头发，直直的。

那时，我不是说过“刘关张”吗，还有一个姓许的，我们四个朋友经常在一起。还有姓邝的妈妈是认识我妈妈的，我就开始“AUNTY政策”了。在那时，我有种欲念要拉拉她的小手，后来竟然真被我拉到了。

她是比我矮的，她那么矮小，坐在我前两排左右，那时我就经常抛字条给她，我就是这样过了我的puppy love，但这个puppy love并没有什么好的结果。

我记得一直到小学四年级，她离开了，她全家移民到加拿大了。在五六年级的时候我就开始认真念书了，因为想着要升中学嘛，没有再去多理会这些“感情”的事了。

其实那时也不知道什么是感情。然后到中一的时候呢，我就很想念她了。然后有一次，她从加拿大回来。那时初中一年级的时候我剪了一个平头，就是陆军装，然后那时又比较喜欢游泳，所以晒得很黑，像块炭似的。

然后那时她回来，我就约她去逛街，她又不愿意去。大家见面后，样子完全不同了，女孩子到了一个阶段，也就是我们读初中一年级，十三四岁的时候，发育还是很快的。

一看到她，有像“姐姐”的那种感觉。她看见我也有些别扭，觉到我像颗黑炭头，还矮她半个头。那是我第一次遭到女孩子嘲讽。去逛了一会儿街，然后她就有一点女孩子的矜持了，说这里不去，那里不去的，所以玩得很不过瘾。

记得那个时候即使是去旅行，也一整晚睡不着觉，去外面花园也睡不着觉，何况是约一个女孩子上街。

我那晚确实是睡不着觉，我去的那个理发店，不是现在的沙龙，不是现在的发型屋，去那剪了个短到无法再剪的平头，以为很有型，怎知道她是这样的反应，让自己什么面子都丢光了。

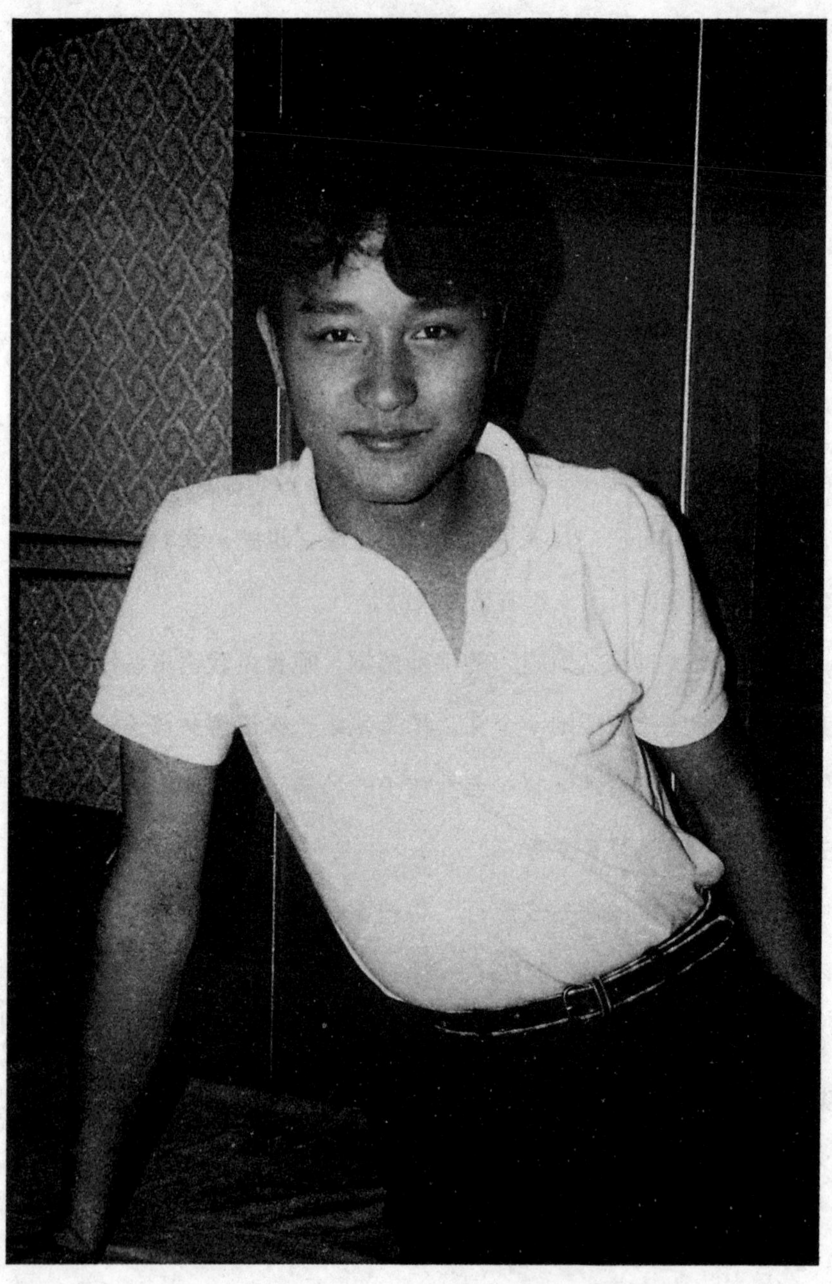

中学恋爱史（一）

好了，讲完了小学，现在开始讲中学了。

小学至中学一个，中学阶段又有一个，我还记得她的名字，叫Nancy，跟我以前的一个嫂子的名字一样。在我上中学一年级的时候，那时开始有一种习惯，开始谈女生了，那时没有女朋友一起上街是很丢人的事情。

尤其是在我们学校，我们学校是有一些“不良少年”的。哈哈，其实也不算“不良少年”啦。那时认识的一帮朋友是怎样去认识女孩的呢？我们读的学校是分男中和女中的，平时没有什么机会能认识女孩。

因为我们通常是比她们早15分钟进入课间休息时间，课间休息结束后就开始上课了。等我们课间休息结束后，她们女中才开始课间休息。而最容易认识女同学的机会就是在运动会上了。所以运动会就算是死也要参加。为什么呢？因为参加运动会就可以到操场上去，要不然就得待在班里。我整天去参加这些运动比赛，就可以到操场上去了，大家都知道也有女选手，永远都是一些性格开朗的才肯去运动，这样就比较容易谈得来。

而坐在那里，不去比赛的通常都是读书的。在那时来说，我就想认识一些女生玩，也还真让我认识了一个。

那个叫Nancy的，我认识了她以后才知道她原来是有男朋友的。她还问我是不是喜欢她。那时我真是蒙了，每次认识女朋友都被人耍，我还记得当时她对我说："你有没有听过Donny Osmond的那支歌啊？"

我好像不太记得那支歌了，对，好像就叫《Sweet and Innocent》，“你听听这首歌吧，听完以后再回来追我吧”。

后来我才知道，原来那支歌的意思是讲你现在实在是太纯情、太纯洁了，你不适合我。

我伤心了一段时间，其实这没有什么大不了的。想想其实我都不算是有很多女朋友的，念完中一升初中二年级时，我又认识了一个女生。

中学恋爱史（二）

中学一年级升中学二年级的时候又认识了一个，是姓黄的女孩，这个对我算挺重要的了。在我生命里，对我而言，真正称得上初恋的就是这个了。

这个女孩读书的时候是长头发，我们是在打羽毛球时认识的。

我的女朋友，永远都是在运动场上认识的哦。讲起她就想到现在都挺有名的一个人，她叫谢华秀，是赛跑的，现在应该是在南华会教短跑的教练。那时她和谢华秀都是长头发，两个都算是非常出风头的，她们在赛跑，当然她没有谢华秀跑得快。

在运动会上，打羽毛球打得很好的，就是我的女朋友。认识了她以后，我们就成天切磋了，并整天约别人打羽毛球。

到初中二年级的时候，我们都是无论如何都不会剪短头发的了。因为那时流行长头发。

所以那时候我们就要“走堂”，其实也不是真的“走堂”，就只是在打铃前最后一刹那才急匆匆地跑进去上课，不让训导主任留意就查不到我们。

后来查得更紧了，我只能从后门翻墙进去了，我们都不肯剪头发，长头发有型。

我在那时读书已经是一败涂地了，就只剩下一科英文还算可以，那些新数怎样都学不好，无论请再多的补习先生也无可救药。

为了新数这科，老师还见过家长。说起见家长，我有次见家长也是跟体育有关的。我很喜欢打球，有打篮球，其实有一个体育老师对我还是挺好的。

那时也刚读中学，他跟我们玩得很好，上课的时候经常让我们用球掷他的小肚子。

你知道，他又不如我们小孩子反应快。当放学的时候，他正准备上校车，我就在后面叫他的外号，他当时一声不吭。第二天上完三堂课后，我们就有个课间休息。

课间休息的时候，训导主任进来说："张国荣，去我教务处。"让我把自己的书包也拿着。

我已经知道是什么事了，然后他说："你知道你自己做错什么事了，对师长无礼，见家长。停课两个礼拜！"

停课两星期对我而言是很严重的事情了，最后就是找了我爸去见那个训导主任。但没有什么，他们两个聊得很好，爸爸还给了名片。

真是这样的啊，大家不要笑，这是真事。

"老师你要多多提携我的儿子啊"，爸爸递上一张名片，他真是老土，以为自己是谈生意呢？是你的儿子被人“停课”了。那时开始知道停学的滋味，真是不好玩的。

那时觉得不能上学，有种非常渴望能回去见见我的同学的欲望，停课两星期是很难受的事情，之后就决心不要再被停课了。

由停课开始我就发现了一件事情，不知道是不是自己迷信。逢每年的三月到五月，我都是不走运的。或许冥冥之中有些事就是这样命中注定的。

那一年的三月就被停课两星期。第二年的三四月，有件事情是很好玩的，我记得是跟我大姐和姐夫去看完电影以后。

不知道大家还记不记得有部片子叫《柔道小金刚》，那时香港开始流行柔道了，自己也没有去买一套柔道服去学习柔道，但就是喜欢把什么东西都像柔道服那样甩在身后的一旁。

当时是在铜锣湾的京华戏院，一看完电影，就到一家超市买了一罐罐头杂果，然后就跟我姐和姐夫一起走去车上，那时习惯用一些黄色的油皮纸袋来包东西，黄皮纸袋很薄，那罐杂果又是湿的，很快，纸袋就破了，那罐东西就掉到我脚指头上了，当时觉得很痛，但没注意，后来拾起来继续走，一上到我大姐的车上，我大姐大叫一声，原来我的脚已经血如泉涌。那时又是三四月，是第二年的三四月。

那时是自动停课了，而不是给人罚了，我还记得后来我上学的时候还穿了一阵子拖鞋，上面包了纱布，一拐一拐地走着上学。

没有两星期的，只有一星期左右。就这样，我傻乎乎地度过了在香港的中学阶段。

CHAPTER

03

国外留学生涯

申请留学

自从上了中学以后，告诉大家我是一败涂地，除了一科英文，就没有什么学得好了。中学一年级留了一级，然后读到初中二年级，又危险了，其实也是留级，但最后没有留，又是被数学那科拖了，仿佛永远都学不会那些新数一样。

我爸爸当时很是生气，但他又要顾着面子，当我到爸爸公司的时候，他黑着脸："看你在香港都是读不上的，有没有想过到别国读书啊？"我那时觉得很丢人的，就说："好啊，当然好啊！"大家都知道，人永远都喜欢逃避，到别的国家或许就没有人知道啊。从这时开始觉得爸爸对自己还是有一种亲情牵绊着的。

但长大了想法就不同，不知他是否觉得惭愧，自己的儿子读到初中一年级又留级，到初中二年级又留级，于是就把我送走了。刚好比较幸运的是，初中二年级的一个同学也申请了到英国读书，我从来都没有想过去美国或加拿大，而且觉得去美国和加拿大的手续比去英国麻烦得多。当时英国就有种“拜金主义”，反正你有钱就行。

那里的考试真是很奇葩，你寄了一个申请过去，那边会寄题给你来考试，然后你把答案写了寄回去就叫考试了。那时，我没有自己写，我给了我姐写，当然我姐的水平肯定是比我高的，肯定顺利通过了。所以申请不到两个月就搞定了。连书信来往的时间，几乎还未说PAST，它又寄来了表格让交钱入学了。听完一首歌，我再给你们说说我在国外的留学经历。

英国留学

我去的时候呢，在我身上发生了很怪的事。家里很多人给我送行，包括我爸爸、妈妈、姐姐、哥哥，还有对我最好的六姐。我去的时候感觉是他们希望我快点离开，不过我自己也根本不想待在香港。

当时我一点伤感都没有。我记得我跟他们挥了一次手之后，转身就走了，甚至没有一点留恋。然后上到飞机，飞机上又有趣事了。我记得那时是乘坐包机的，这包机叫“Laker”，不知道现在香港还有没有“Laker”的包机，那时是专门给留学生乘坐的，很便宜的，一千多元就有，单程机票几百块就可以飞到英国，还有中转的地方也很少的，我记得在印度一个地方停了一次就直飞英国了。

第一次搭飞机就能坐到私人飞机感觉很幸运，怎知道会被人“夹”在中间。大家搭过飞机都知道，飞机是有放电影的板的，上面有部放映机，就是在中间的，每格的中间都有，在私人飞机上，我就坐在它的下面。突然上面的放映机掉了下来，还有四个螺丝钉在连着。直到飞机飞到云层上，飞定了，那些空中小姐才叫我走开，让她们拧紧那些螺丝钉，就这样到了英国。

来到英国，觉得那里的天气跟香港一点都不同。那时去是八月末，算比较迟了，因为多数人都是八月初去英国住亲戚家，我就没有亲戚在英国，所以比较迟才去。到了那里有一个朋友来接机，在他那儿睡了一晚，第二天朋友就送我到学校了。

初到英国

那时是长这么大以来第一次竟然睡了28个小时。

一到那里就累得要死，但不知道什么时差，就是这样睡了一天多，那个朋友叫醒我的，那个是姓李的朋友，他是我爸爸朋友的儿子，他说："张国荣啊，你要回学校了。"就这样他送我回到了学校。

我觉得学校挺大，也挺好的，我这个人对东西都没有什么要求，不会太挑剔，可能因为并不是出身什么名校，没有说这里怎么这么小之类的话，因为英国的学校一般不可能太小的。

到了学校的时候，那里一个学生都没有，只有一个老师和他的太太，还招呼我吃了三明治。

直到第二天才有学生陆续过来，然后发现自己被安排在16人的宿舍里，因为我刚到的时候年龄比较小，所以是初级班，何况我在香港也只是读到中二而已，但后来到了那里却连跳几级，到了相当于香港的初中四年级。

不知道是不是因为我自小就比较容易适应环境，也比较任劳任怨，所以到了那里也并没有觉得什么不习惯的。

而跟我一起去的同学则比较挑剔，可能是和他家庭背景有关系，他爸爸是一家轮船公司的老板。我到那里没有瘦，反而更胖了，原因是我把他那份餐也吃了，而他就像是用绝食来抗议般，因为我们到了那里并没有很多东西吃。那么，那时在英国读书时的饮食究竟是什么样的呢？

我的早餐

早上7点被叫醒，所谓“叫醒”并不是像酒店那样，你喜欢几点就让人几点叫醒你。只要一到7点钟就像是警钟那样响一阵子，然后自己就自动起床收拾床铺，穿好衣服，走一段大概十分钟的路，上到一个主宿舍，那旁边就有所有饭堂，校长也是在主宿舍住的。

我们开始先要祈祷，7点半开始有早餐吃，早餐我们吃得特别多，原因你们一会儿就知道了。

在吃早餐时，我们有的餐牌就是炸鱼条、牛奶、面包，还有两个蛋，我都不明白那些鸡蛋是怎么来的，每个都像鹌鹑蛋那样小。

吃午餐

到了中午12点的时候，我们就开始吃午饭了，午饭吃的食物是香港不常见到的，是些很粗的东西，包括一些肉团（是用切碎了的牛肉、瘦肉做成的团子）。下午餐就是喝水，没有奶喝的，吃完这些就有果冻之类的甜品，吃完后就要上课了。

上到3点就是我们的运动时间。运动在那时是使我现在发育到这么高大的重要项目。那时的英国是必须上体育课的。不是给人拉去踢足球，就是选去打橄榄球。说真的，两样东西我都玩过，但玩了第一次橄榄球之后，就没有第二次了，因为我的那些同学，14岁左右的时候就发育得很好了，个个高得像座山似的，怎么还敢打橄榄球啊，被他们撞几下就撞散了，所以我们就被编到下一组去踢足球。

踢足球我肯定不会去当守门员，因为球门都是标准尺寸的，非常大。我永远都是喜欢做那些“左翼”啊，“右翼”的，因为我们中国人跑起来不比外国人慢，短跑的成绩都是很不错的。还有我那个同学在那时就很少运动，他还借故叫他爸爸写了一封信说他小时曾患小儿麻痹症，因此他就不用上体育课了，我就是唯一可以跟他们在一起玩的中国人，因为全校只有两个中国人。

吃晚餐

时间过得很快，在英国的生活真是很无聊的，也只有星期六是最开心的日子，尤其是那些外国人。因为星期六是“野兽出笼”的日子。为什么说是“野兽出笼”的日子呢？

因为我们是全日制的，星期一到星期五没有什么休息的时间，不像香港的学生那样，放学后就可以回家，只有两个同学因为住得近，所以学校才允许他们回家睡，而其他300多名同学都是在学校寄宿的。

说到晚上，吃完午饭，有人就问我晚餐怎样。晚上那餐就是，当我们3点打完球，到5点钟我们所有的人都要到一个高地上，在那里就要你去看书，也会有两个老师装模作样地巡视一下，但你读不读是你的事情，即使你画公仔、画圈圈、画星星，也没有人理你。

在那里我们温习到8点钟，铃声又响了，我们又回到那间大宿舍，那时开始分东西了，不知道你们有没有看过一出叫《新苦海孤雏》或《苦海孤雏》的，像胡启荣现在的手势，那样拿着个袋子，盛一些阿华田（一种著名的饮料）、奶茶到你的杯子里，然后就每人分两块饼干，就这样度过你难忘的一晚了。

公仔面充饥

如果你说你是卢叶眉那样的体形，就一定要到外国读书，因为可以随随便便减几十磅。很多外国留学的朋友，都吃不惯外国的菜，或吃不惯那些鱼肉、肉团，他们就会写信回家诉苦，说他们吃不习惯，而且食物有些不够吃。

这样一来，可以让家里多寄些零花钱来，还有就是让他们寄一些公仔面来让我们撑撑肚子。我的朋友和我宿舍的舍友有偷东西的毛病，我们睡的是陆架床，旁边还有个小柜子，让你放些经常用的东西，曾一两次有两盒公仔面离奇失踪。

之后我们就向一个教地理的老师诉苦，地理老师很同情我们，借了他的厨房给我们用。在他未借厨房给我们的时候，我们是怎样煮公仔面的呢？我们的宿舍是有冷热水的，我们让热水烧五分钟左右，水就会沸腾。

我们在拆公仔面的程序方面比较小心，不会把袋子拆烂，要把它拆成一张纸似的，一张很平的纸，然后就买一个胶碗，将公仔面放好，然后加些热水到碗里，再将那张纸很平地盖在上面，用手按着，直到15分钟后，那个面才可以吃。

但在那时已经很好的了，因为真是没有东西吃的，到了晚上，那顿晚餐就只有一杯水和两块饼干。这段日子熬了几个月，直到我们认识那个地理老师，同情我们留学生，额外批准让我们用他的厨房。

地理课老师

说起这个地理先生，我真是很怀念跟他在一起的日子。因为譬如我们上历史、英国文学等课都没有做过什么实验。但到外国读书的朋友都知道，只要到外国读地理肯定会有一些旅行，那些旅行就叫作“Fulltrip”了。

我记得我的学校是在英国东部，然后我们就乘公交车到火车站，乘火车到列斯这个地方，那里离苏格兰非常近。

靠近苏格兰就可以看到很多的山脉，因为英格兰本土是平路一条，没有什么山可以看的，直到到了苏格兰才有些瀑布、山脉可以看。我还记得那时回香港度假的时候看了一部叫《十四女英豪》的电影。

考入大学及回港

《十四女英豪》就是由何莉莉、李菁那些知名女演员，还有李丽很多大牌女星参演。我记得爬到诺域治郡那里，有家基督教青年会。在这家基督教青年会，我们白天就要开始看地理的知识。

我们在那里可以看到很多瀑布、中雨石的山洞。爬到那个山的时候，那座山的笔直程度，就像我说的《十四女英豪》里的女将军爬的地方那样直、那样危险。但是我们全部都避过了，但在那次就遇到了很危险的事情，我走在一条上面是悬崖的路上，而就在我们走到下面的时候，突然有东西掉下来，竟然是只山羊。

读书的生涯我讲完没有？还没有，我读书的生涯是一波三折的，我记得我读了五年半，由中四读到A LEVEL，然后我就拿了奖学金，来到了列斯的大学，考入了英国里兹大学的纺织专业，在那个纺织专业我读了一年多一点。

其实纺织是有很多东西读的，像美术设计之类的也要读，还要学画画，那时我对画画也很有兴趣，还有我觉得如果我的兴趣能继续培养下去，甚至可能某一天会成为一个成功的设计师。

但是好景不长，读到一年多一点，香港就寄来一封信，就是我爸爸因为醉酒突然中风了。你们都知道一般老人到那个时候，只要是中风了就几乎没有什么希望了，因为自己差不多是“蒙主宠召”。

家人寄了封信来叫我回香港，回到香港就觉得很百无聊赖，但爸爸又不主张我回到英国去，理由是他不希望到死的时候没有我这个儿子给他送终。

我就这样回来了，但那时我还不想这么快参加工作，因为那时年龄也不是很大，我也不想去爸爸的洋服公司帮忙，我宁愿去学校做插班生。后来我就到了另外一所中学做插班生，这件事我很少跟人提起。在那段日子，我也有些有趣的事情。

我回来的时候，我的英文程度已经很好了。那时的一些私立英文学校的英文程度还不是很高，所以曾经那里的校长开玩笑地说，“你的英文程度差不多已经可以教初中二年级、三年级了，不如你不要读书去教书吧”。我说你开玩笑而已，我坚持要读中六的插班生。理由是我的英文程度可能高过很多中五的一般学生，但我的中文是比他们弱的，再回到香港的时候我是专修中文的。

我觉得读中文很辛苦，但经过学习反而对中文有了更深的理解。在那段时间，我也认识了一帮朋友，他们很喜欢玩民歌和音乐。而那时因为一个机会参加了一个比赛，也因为这个比赛，我投身了娱乐圈。参加娱乐圈，对我来说，是我一生中的一个重要转折点。

CHAPTER

04

闯入娱乐圈

参加亚洲歌唱大赛

1977年5月，我的同学和他的朋友成立了一个民歌组合，我成了那个乐队的主唱歌手。我还记得那个乐队改了个名字参加当时一些公开的比赛，那个乐队叫作“ONYX”。ONYX是一种奇怪的、黑色的石头，这种石头挺光亮的。

乐队用这个名字参加了几个比赛，还取得了第二、第三的成绩，但永远都拿不到冠军。然后我就去参加了一个亚洲歌唱比赛，由一家叫“丽的”的电视台，也就是亚洲电视的前身举办的。

我的朋友就帮我报了名，说跟我一起去参加比赛。但结果是他连初赛都没有入选，在试音的时候就已经被人给淘汰了。

而我就一直进入了决赛。

或许是侥幸，我在香港区的比赛中获得了亚军，有机会冲刺到这个亚洲歌唱大赛的总决赛。到了总决赛就只剩下来自八个不同国家的选手参加。但那次可能在评分方面有些徇私，是个菲律宾的评委。

我记得我和那个菲律宾的选手在比赛里的竞争是很激烈的。在争那个冠军的时候，在最后一次打分时，那个菲律宾的裁判给了我一个全场最低分，77分。

而香港的评委给菲律宾选手的分是93分。这样分数一下子就被拉远了，所以在最后这个总决赛我就只得了第五名，而那个菲律宾的选手得了冠军。

其实这位菲律宾朋友，如果大家有留意到香港乐坛的历史的话，或许有些印象，他就是丁马卡度。他拿下了当年的冠军。不过那年拿不拿冠军，其实对我没有一点影响。

签约丽的电视和宝丽金“冠军”

没拿到冠军，反而对我起到了很好的宣传作用。可能大家觉得那晚菲律宾的评委对我们香港人不是很公平，所以我还有一些一夜成名的感觉。

可能是在这样的理由之下，第二天我就去见了钟景辉先生，钟景辉先生就跟我签了一张合约，合约是叫我负责在丽的电视做一些综合性节目，月薪1000元。

那时候的我相当需要独立，这1000元对我来说是个不小的诱惑。大笔一签就是三年合约。

在那三年，其实我过得很不自在，我也曾尝试脱离自己的家庭生活。至少我在英国过了一段较长独立生活的日子，我也不习惯和家人一起生活，所以就自己搬了出来，在广播道租了一间房，当时广播道租金是一个月500元。

哈哈，大家有没有想问我张国荣剩下的500元怎样用啊？

丽的电视的饭堂就是我的饭堂。早上起来的那餐是在丽的电视，中午那餐也是在丽的电视，晚上那餐还是在丽的电视。

我还问KING SIR借了几千元租了间房，买了点家居用品就住了进去，然后每月分期还一百块。那就是我用900元维持我的生活，但在那时我仍能够剩下几元在我的银行账户里。

但我出道以后，外界对我的反应并不是太理想。我其实还算比较幸运，刚参加完歌唱比赛后，宝丽金唱片公司（环球唱片前身）就联系我成为他们的签约歌星。

叫我去试音以后就让我跟陈美玲搭档，并不是日本很火的那个陈美玲，她叫Pagcgen，是跟我一起进入宝丽金录音的。

我俩都签了宝丽金的合约，而宝丽金也在那个时候尝试让我出了一张唱片，但并不是出一张个人的唱片，而是一张集锦的唱片。

里面有一首歌叫《I Like Dreaming》。

我还记得这首歌的 producer是一位德国和英国混血的老外，我也不太记得他的名字了。Anyway，这位监制就帮我灌录了这张唱片。

唱了这首歌以后，大家对我的反应就是——不好，就是不太受欢迎。那时还有很多批评说我小鸡叫声，或者是说我不成熟，总之都是一些恶评。

1977年一次流行音乐会，那时我记得就有温拿和林子祥。我之所以记得那一次，是因为那是我第一次被两千多人“嘘”。

第一次被拆台及第一部电影

我还记得那次是我第一次被人“嘘”，我在想为什么会这样呢？为什么会被人“嘘”呢？我又没有做错事。记得当时自己还穿着一件红色的T恤，一条白色的裤子。

我还记得那时有观众喊“早点歇着吧”。那是歌唱比赛之后的第一次公开表演。

在那些彷徨、迷茫的日子里，当然也想着去拼搏，每个人都是，我也不例外。自己的歌唱事业一开始就触礁，后来也有某家电影公司找我拍戏。

也是我电影上犯错的开始。第一部电影，说起来的时候都觉得奇怪。

人倒霉起来真是喝水都会呛到。当时，有某家知名的大制片公司的人给我打了个电话，让我去见他。

见到他后，他告诉我他想拍一部像《红楼梦》那样的电影，是一部搞笑片。我就问他谁是女主角，他说是黄杏秀（演员陈百祥的老婆）。

我就觉得，“哇，黄杏秀跟我搭戏，我当然很高兴的了”。尤其是我的第一部戏就可以做男主角。

当时的薪酬很少，6500元，但是对于当时的我来说已经是很大的引诱啦！是我第一份高收入的工作。于是我就答应了他。

签了合同以后，拍了几天，觉得很不对劲，原来这部所谓“搞笑片”的《红楼梦》是加插了很多色情的成分，但听说这个公司的人都是很厉害的，就是不能保证有一天张国荣出门的时候会不会被殴打一顿，都不知道为什么会被人打。

在那些忍气吞声的时候，只有硬着头皮拍了下去，这部电影出来以后，反响非常不好，最后还遭到官方查禁了。理由当然是因为太色情，我就蒙受不白之冤，之后真是倒霉了好几年。

这部电影我从来都很不想去提到它，因为它是我的第一部电影，也是我第一部就被人给骗了的电影。

甚至之后就发誓有一段时间不再触碰电影。

参演电视剧和不被宝丽金续约

后来也就是在丽的电视的综合性节目上唱唱歌，让我的演艺生涯苟延残喘一下。

到了最后的一段时期，丽的电视的综合性节目也bye-bye了，理由就是我不够大腕，他们就让我坐冷板凳，坐了三个月。

当时麦当雄风头正盛，就拍一些《鳄鱼泪》《大丈夫》诸如此类的电视剧。

在《鳄鱼泪》里，他尝试让我做其中一个角色，也觉得我有一些演戏的细胞，就问我是否有兴趣加入电视剧组，也就是话剧组。

在那时候我觉得只要有工作让我做，我就会做的。那我就加入了他们的话剧组，而接下来就拍了几部比以前反响好的剧集，如《对对糊》《甜甜廿四味》这些青春类剧集。

差不多持续了有两年的时间，在这两年里，我认识了一个由罗文介绍的经纪人，也就是罗文以前的经纪人，也是我以前的经纪人。

在那段日子我也认识了陈百强。大家也有兴趣拍一些青春的电影。

我与陈百强合作了两部电影：第一部是《喝彩》，演反派角色；第二部是《失业生》，也是反派角色。不知是不是当时的女歌迷比较单纯一点，觉得你演一些坏角色，那么你这个人就永远是坏的。一坏就坏了很多年。

那段时间在唱片方面也了无头绪，也没有人说要跟我录唱片之类的。

还有一天，我回到宝丽金的时候，宝丽金的要员冯添枝先生跟我说："你的合约已经满了，你已经帮我们录了两张唱片，一张中文，一张英文，反响都不是太理想，我觉得你可以随便选择你的唱片公司，我们也不需要或者没有那个意思要跟你继续合作了。”

在那时我当然是很不开心，但也没有和一些朋友说。所以很久以后，一些朋友还以为我在宝丽金，直到我讲了出来，他们才知道我离开了宝丽金。

在那段时间，或许天无绝人之路，又有一个新的挑战在我身上了。这个新的挑战就是我踏上了舞台的新征途。

在那段时间，我觉得虽然钱不算多，但对于一个事业没有什么起色的艺人来说，既可以打发自己的空闲时间，也可以增加些收入。

我那时参演过《浮生六劫》《方世玉》，所以有去新加坡、吉隆坡演出，虽然现在那个热潮都过了。

我所谓“热潮”的意思是指潘志文那个时代的《变色龙》已经过了，但那时至少仍有很多人好奇想见见一批不是这么红，但是有potential的艺员，我就是他们选择的一个。

新马泰登台

因为《浮生六劫》《鳄鱼泪》甚至《游侠张三丰》这类武侠剧在新加坡、马来西亚、泰国大火，于是我就有了机会到新加坡登台。

在新加坡登台没有别的，就是场数多，所以赚钱也就多。场数多就是我曾经一连唱了21天，这21天中一天是两场，大家可以帮我算算，一天两场，21天就是整整唱了42场。

这42场真是唱到我声音都嘶哑了，但就是因为我给人的感觉非常拼，所以这个演出结束以后，就又有一张新的合约来到我的手上。

当然在酬劳方面也加了一点，这对我而言也是一种鼓励。

新加坡朋友相比泰国朋友没有那么热情，泰国朋友给了我很大很大的惊喜。

就是我在泰国这个地方，仿佛享受到了一个“超级巨星”的待遇。原因是我的一部武侠剧，在丽的时候拍的《浣花洗剑录》在泰国大受欢迎。

我扮演的方宝玉那个角色在泰国一红就红了三年。我开始都觉得难以置信，直到我第一次收到一封泰国影迷来信的时候，我才发觉我在泰国真是有这个地位的。

这样一去就去了四次，四次都是做自己的所谓演唱会。每一次都是有声有色的，也有很多朋友去看我。在那时我才发觉天无绝人之路。

而在泰国我也认识了一些很有心也很想提携我的朋友，譬如一位大家熟悉的超级女星——嘉玲。

嘉玲在泰国生活得很快乐，她有一对子女，她丈夫跟她相处得非常融洽，所以就过着一种很富裕充足的生活。

我们香港的艺人去到泰国，除非不是很熟的，如果是熟的，都会去拜访她，嘉玲也很好客。

那次我去表演，跟我的乐队去到她家，她用了鲍鱼、炖鸡翅等名贵的食物来帮我们补充体力。

直到现在，嘉玲跟我都是很好的朋友。

拍电影《柠檬可乐》的难忘经历

之后的几年，香港电影发展得非常快了，也有几家电影公司找我拍电影，虽然并不是什么大的制作，至少我也有机会去做我喜欢的事。

当时我拍的电影就有邵氏的《柠檬可乐》，有罗维公司的《冲激21》，也有后期的《烈火青春》《鼓手》《第一次》等很多很多的电影。

而这些电影最值得我怀念和让我记得的就是《柠檬可乐》。因为《柠檬可乐》是香港第一部票房超过500万港币的青春电影。

虽然对我来说有振奋的作用，但我觉得那家电影公司有一点做得很不好，他们从来没有恭喜过我，鼓励过我。

我记得拍《柠檬可乐》的时候，有一次我们需要到澳门拍外景。

这家公司就用一种很差的态度来对我，就是叫我和灯光师住在一间房间里。这个其实也没关系，无所谓的，因为到外地拍东西不应该这样斤斤计较。

但是我觉得他们是制度上有问题，好像给一点钱就要你怎样的。因此我就自己去租了一间房。

而唱歌呢，我想让谁给我作曲，他们都说："不行啊，太贵了，让我们宣传部的人来帮你写些歌词就算了。"

另外一部让我记得很清楚的电影就是《鼓手》。

我被她伤得很深

对我很有影响力的女人就是让我差一点就不喜欢女人的女人了！

这个女人是我在迪斯科舞厅认识的。

1981年到1982年是我在事业上最低潮的时期，在那个时候就是别人常说的整天去迪斯科舞厅的时候。在那个时期我认识了一个女孩，她是一个混血儿。

我刚认识这个混血儿的时候，是带着一种《巴黎最后的探戈》里男主角马龙·白兰度与剧中女主角相遇时的情景，我和她来往了几次，我想她当然知道我姓什么，但我从来没有问她姓什么。

发生了关系以后，我们好了一段时间，我本打算跟她一直好下去，直到我问了她名字。然后才发现这个女人是一个老千。

老千的手段是很高明的，现在说起来也恶心，她不只是会“骗财骗色”，不只是骗我，还差点骗了我的家人。

我觉得这对我的侮辱是很大的。至少我对她，是一种真心，而她对我在感情方面是一个很大的伤害。在那段时间，我曾经逃避到要离开家里住到酒店，是因为她找些黑道的人来找我的碴儿。

过了这个阶段以后，我觉得自己对一些女人失去了兴趣，然后在我身边的都是男性。

譬如在商业电台的钟保罗，也是我身边的男性之一，当然，他是有女朋友的，但是保罗对他的女朋友不是很认真。

与陈百强相识

我现在讲的这些，我的唱片公司会有怎样的反应呢？

既然我觉得我要出自传，我要讲的东西都是真实的，我不要假的。如果是假的，就不要找我来说了。

1979年，我认识了陈百强，不，应该是1978年。1978年的时候，我还在丽的电视台做综艺节目。有一天，我跟张美莲去一家叫“PUMB RESTAURANT”的餐厅。这家餐厅现在已经倒闭了。

我们和宋豪辉、张美莲一起在那里玩得很开心的时候，突然有个男人走过来对我说：“有人说我和你长得很像哎！”我比较愕然，说：“你是谁啊？”“我叫Danny。”那天，我第一次认识Danny，就是以后你们知道的陈百强。

与陈百强的瓜葛

我和他有很多渊源。

譬如说他后来参加了一个作曲比赛，拿了第三名以后呢，我们就偶然在TVB的EYT（欢乐今宵）一起唱一些英文歌。我在“丽的”的时候也翻唱别人的中文歌。

有时候他会来找我一起收工。

然后就这样过了一个阶段以后，有一次，我和叶丽仪、叶震堂、陈百强到澳门一个叫“公教戏院”的地方做了一个小型的concert。那时我就觉得这个男的肯定很有钱，因为他用了很多很贵的东西。他有一个大皮箱，里面有很多名牌戒指、项链。

我在那时其实对他很熟悉了，也跟他一起去逛过街。

他给我听过一些他的歌。我听完以后跟他说，这是你的新歌啊。他说是啊。我就说我最喜欢的是里面有电话那首。

我想大家都知道就是后来他的那首《眼泪为你流》。在那天下午我们就到了澳门。

我们是在水翼船上的，然后那时有些电台的人来采访我和叶丽仪、叶震堂，但没有人理陈百强。我就说："这就是陈百强了，你们有时候看EYT也能见到他的，不如你们也采访一下他吧。"在那时电台的人不太情愿地采访了他。

而在陈百强出《眼泪为你流》的时候，一炮而红。

从合作到互相都不愿合作

陈百强签了一个经纪人，那也是我后来的经纪人。

在那个时期跟他拍了两部电影。第一部是《喝彩》，他演一个正面的人物，而我演一个坏学生。在那个时候他就出了一支叫《喝彩》的歌，受到很多人的欢迎。

但是我就受到少数人欢迎，其实应该是很多电影商的赏识。陈百强发觉他在拍电影方面的技巧不如我，所以第二部戏他们说要推出《失业生》的时候，他就拒绝跟我合作。

而拍《豆芽梦》的时候导演霍耀良坚持要用我，最后他在很不情愿的情况下跟我演了对手戏。对于拍电影来说，很多人都看好我，但在唱歌方面他是凌驾于我之上的，也可以说这个阶段很久很长。

也因为这些情形，让我们有了一些不合拍的感觉，或者见了他的时候有些避忌，有些不太高兴。这样的时间也延续了很久，直到钟保罗拍电视剧被车撞到了脚。我是第一个捧着他的脚送他到医院，并陪他照X光的人。

在那时我们的经纪人就生了一个赚钱的念头。这个赚钱的念头就是要开演唱会公开筹款来治钟保罗的脚。

在那个时候同场一起表演，我是打头阵，陈百强是压尾。我发觉我们在名利方面相互竞争得很厉害，我不想再跟他有些什么合作了。

所以在《失业生》上映的时候，我就向记者宣布了“我不会再与陈百强在电影上、歌唱上有合作”。但往往事与愿违，譬如今年我在那部《圣诞快乐》中有份参与演出。

陈百强也不愿和我一同演戏

到了后来，我跟他在一个十万小时的电视节目中表演歌舞。我不知道他的反应是怎样，但我觉得我没有必要再跟他争斗，也没有什么必要再跟他比较。

尤其是在这一两年我和他在形象、歌路上已经有了一段不同的……不可以说距离，就是在形象和歌路上都很不同了，我不可以再跟他比较。

现在也感觉越来越少人把我跟他比较了，我觉得这对大家而言也是好事。因为当你在很长一段时期都被拿来和同一个人做比较的时候，你就会退步。

所以我觉得我现在需要比较，但是是跟自己比较，而不是与任何一个人来比较。所以希望听到我说的观众，不要再找任何一个巨星来和我比较。如果真是想比较，就拿昨天的张国荣跟今天的张国荣进行比较。

初次认识陈淑芬

因为那时候我已经渐渐开始与我的经纪人有些不愉快了，在钱财的方面有些瓜葛。我觉得他数目很不清楚，开始有点欺骗的成分。后来我问他，他也拒绝把我应得的钱还给我，再后来闹到上法庭打官司。

但不知道为什么到了后来两边都没有收到钱。在那时我认识了一个叫杨权的导演，他是我拍《鼓手》时的导演。他给我介绍了一个让我人生有新的转折点的公司。

杨权导演的《鼓手》这部戏要出很多的歌和音乐，他不可能因为我跟我经纪人闹不愉快而不去录那些歌曲，所以他介绍了某唱片公司老板属下的经纪人给我认识，就是华星公司的Florence Chen（陈淑芬）。

那时跟她谈的时候，她问我需要多少报酬。我说报酬对我来说不是很重要的问题，我需要的是争一口气。我需要将我录了的这几首歌一一地去出版发行。所以我就签了两年给华星公司，酬劳不算多，也不算少，是适中，那时又见了黎小田。

《monica》及华星唱片

黎小田是我在丽的电视台认识的一位很好的朋友，也是外界说他是我的干爹的朋友。当时他还是我签约华星出的第一张唱片的监制。华星唱片公司有一个优点就是，它可以用很多的日本版的歌。

而这些版权问题就不用我们费心，所以我就很大胆地用了几首日本歌。譬如你们现在熟悉的《风继续吹》，就是我第一张华星的唱片。一出版的时候反响不好，一点都不好，可以说比我们想象中差很多。

当我们拿些唱片上去给DJ时，DJ说都好听，但也没有热推过这首歌。不过可能我够好运吧，人们越听越觉得好听，写信来点唱的朋友越来越多。

这以后，我开始了一个新的阶段。我成为无线电视的签约歌手，有很多机会参加他们的节目，如劲歌金曲之类的节目。能够拍到劲歌金曲我感到很开心。因为我觉得劲歌金曲的音乐带子拍得我很漂亮。

接下来的就是《一片痴》，还有最近的《monica》和《为你钟情》，全部都是加入了华星的作品。在灌录《monica》之前，也是一个机缘巧合，人们可能都好奇我是怎样拿到《monica》这首歌的。

我记得在1983年的东京音乐节上，我去看小虎队参赛。我对小虎队的印象就很模糊，就算自己是香港的歌手。在那里我看到一个叫吉村坊子的新人，这位新人就出了一首歌《monica》。当时，吉川晃司在日本以及中国香港都是默默无闻的，但我被他的台风吸引了。

他打的后空翻，以及他唱的歌都很有趣，那时我就和黎小田在日本音乐节的现场看了他的表演，我说这首歌可能有机会。然后我们咨询了吉川晃川有关版权的问题，最后出了这首歌，终于得到了乐迷的喜爱。之后我出的碟，包括最近的《为你钟情》，反响都很好。

陈淑芬及黎小田

大公司的关系是很复杂的，但是我进了华星公司以后发现大家之间的关系并不是如外界所说的那样复杂，做起事来很一团和气。

当然也会有很多的意见分歧，但都是为了艺术好。帮我最多的有两个人，一个是Florence，Florence在我出唱片的时候帮了我很多，譬如我这次《为你钟情》需要出一张白色的唱片，她就立刻打电话到日本ORDER。大家也都知道她为我做了很多很多的事情。

另一个我想要说的是在唱片界改变了我很多的朋友黎小田。我要跟他说的话实在太多。我不知道外边的观众对他的印象怎样，观众说他打老婆是个很粗鲁的人，其实黎小田是粗中带细，我的意思是他在做事方面是一个才华横溢的人。

他做事的时候比较保守，一首歌拿回来他不会改很多。譬如说关慧鹏，将谭咏麟的《爱情陷阱》改动很大，如果你听过日本版的女仔唱的《爱情陷阱》，就会知道跟阿伦唱的是两回事。

黎小田不会做这些事，但他在音乐方面很有sense，他本身很有音乐细胞。很多人或许不知道他以前是Band仔，他以前是在富源、夏惠打Band出身，就算是在珠城时也是打Band的。童年时就不用说了，很多人都知道他拍过电影，也是天才般的童星，但越长越胖，跟钱包是成正比的。

到了现在能坐到华星音乐department的第一把交椅也不是一件很容易的事情。我很尊重他，他在音乐上对我帮助很大，就像是一盏明灯，给我照亮前行之路。而且他为我做了很多事情，一些其他人并不太知道的事情。

譬如在我的唱片里，《少女心事》的配乐都是他弹的，作为一个监制他并不需要做这些事情，但他却为我很有心地去做，所以我很感谢他。

还有，在一个庆功宴上，小田为我现在这么好销量的唱片而流泪，我认识他这么久还没有见他哭过。讲真，我认识他八年了，无论他跟关菊英多不开心，甚至要分居离婚都没有在我面前哭过。而那次他为我庆功而哭，我没有话可说了，认识这样的朋友夫复何求呢？！

CHAPTER

05

生 命 中 最 重 要 的 女 性

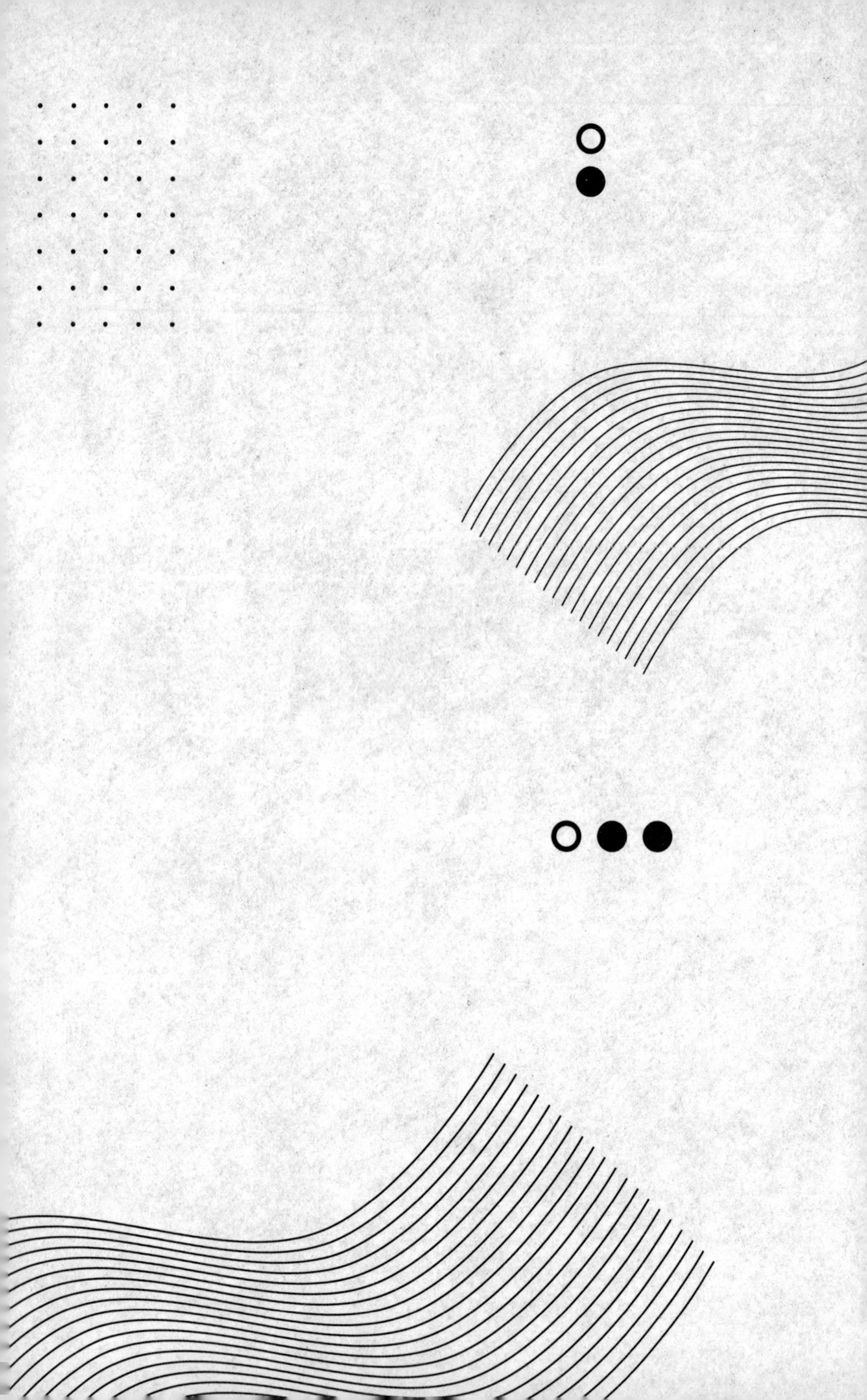

生命中最重要的女性——六姐

有几个女人在我生命中占有重要的地位。

一位现在已经活到70多岁而仍旧在我心中占最重要地位的，就像我的歌《monica》里说的那种地位的女人——六姐。

如果有关注我的所谓“花边新闻”的朋友都会知道她是一个对我嘘寒问暖、从小把我带大、使我健康又愉快的用人。

但是在我心中她已不是用人，她的地位已经超越了我的妈妈。或者大家有听我前文的自传里说的，我从来没有跟我爸妈一起住过。所以我跟我爸妈的感情只限于朋友关系，或许比朋友还要生疏。

说回六姐，六姐看起来是一个很执着、很顽固的人，但其实内心是一个很善良的女人。她已经陪伴了我28年。

在这28年里，或者我已经很习惯了她的样子，所以我已经不是很怕见到她的样子了，或者觉得她是一个很可爱的女人。但至少我的朋友去到我家里就会很害怕地说："你用人的样子很凶啊。"

就是因为他们并不是真正了解她。我觉得人是需要经过一段时间才能了解一个人。样貌只是一个躯壳。到了一个时间、一个阶段，你要多了解点就要从他的性格去了解，这样才能真正地去认识这个人。

我很珍惜六姐，是因为在我生命最低潮的那段时间，直到现在我所谓这么顺利，她都一直在我身边。

因为她是文盲，她不懂得教我怎样读书、认字，我甚至在有些时期强迫她读ABCD。

但至少她是一个教我如何做人的人。也许她的看法和我们现在的看法比起来有些老土，但是至少你知道她的出发点是很好的。

她不会教我坏的一方面，而永远只会教我怎样对人好、对事好的一方面。她跟我一起过了28年，28年来我们也分开过两三年，但大多数时间是住在一起的。

即使我现在搬了新房子，我也不能没有她在身边，因为都太习惯她在我身边了。如果有时她回去乡下跟她的亲人在一起，我就会有很失落的感觉。

要是让我自个儿煮个早餐吃，不是不会，那时我在英国也是自己煮早餐和午餐的，但现在如果没有了她，我会觉得很不自在。

就算是多亲密的情人，如果没了，我会觉得没了有什么大不了，没了还可以再找一个。

但如果有天六姐消失了，我指的是她百年归老的时候，我想我是会非常非常伤心的。

没人可以替代的六姐

在我最失意的时候，衣兜里连十元钱都没有。那时候我跟我爸爸妈妈的关系也不太好。

曾经某段时间我是拒绝我爸爸对我的供给的，在财务方面。六姐从来都没有过什么怨言，从没说过什么“你不懂事啊”“不给你饭吃啊”之类的。无论什么时候甚至是用她的积蓄，她都会在我的身边做饭给我吃。六姐从来都没有过什么高的薪水。

我家都算欺负她了，她从我出生的时候是拿几百块薪酬，到了我21岁，她第一次离开我的时候，也还是拿这么多钱。

但是她的薪水往往就很低，不知道是不是因为她太顺从。所以当她乡下的顺德人每次写信来，第一句问候完以后就是拿钱的了。她永远都会把她的积蓄寄回她家里。

第一次她离开我的理由是她觉得我家里人对她有不平等的待遇，还有就是她的姐姐患了癌症。在那段时间她觉得她需要赚更多的钱，因为她姐姐的医药费需要很大一笔钱，所以她就到了外边做工。

那时，我觉得很难受，但我又不知道该怎样去帮她，或者帮到我自己，唯有眼巴巴地看着她走。

或许人是很讲一种缘分的，我跟六姐是很有缘分的。到了今时今日我们还在一起，我想她就是我一生中对我最好的女人。

与生母的关系

如果讲我妈妈呢？

她是一个大家看来应该对我最好，但事实上并不是多么好的女人。或许是因为她在感情上受到太多的挫折了，她并没有怎样理我们。

那时，都挺惨的，惨的理由是我一个星期才见她一次，就是星期六晚上，她也不会在我们家里过夜。

我爸爸更离谱，就只有那些像端午节、中秋节的节日时才会回来吃一顿晚饭，见见他的儿女。在春节见他的时候，他也喝得酩酊大醉。

我记得他跟我们相处最长的一段日子是36个小时。就是一天多，因为他醉了。我妈妈直到现在跟我也是很客气的。就算她到了我家，去厕所，她都会问："可不可以用一下厕所啊？"

我觉得这是一件很荒谬的事情，但却发生在了我身上。

我跟我妈妈现在的关系就只是发生在钱财上，就是每个月大家发工资的时候，也是我妈妈发工资的时候，那天她就会给我拿一定数目的钱。我妈妈做到的就是这样小小的关怀。

契妈（干妈）

有很多人会说："张国荣你有很多契妈！"没错，我有契妈的。

"契妈"这词给人讲得多，就像是给我钱用，但要在我身上拿回一些"代价"。但在张国荣身上，没有发生这些事。我所谓的"契妈"，就是很纯粹的契妈。

而我只有一个契妈，就是在新加坡。这个契妈的背景就要紧了！她是一个被丈夫虐待过，走了出来，有三个子女的女人。

她曾经做过舞女，但那时的舞女是卖艺不卖身，就只是陪客人跳舞的那种舞女。然后在一些机会下做了"老鸨"。

做完"老鸨"之后，她在新加坡的所谓红灯区开了一家妓院。我干妈就是这样的一个人。我觉得我们之间是一种无言的沟通。

就像你们觉得戏子就一定是“男盗女娼”。只有她才能明白我，所以其实我很多的心事讲给了她听。

我契妈是一个可以顶天立地的女人，她过往的挫折也是非常非常多的。你想想一个从马来西亚走到新加坡做舞女，而到了最后能开妓寨的女人确实是不简单，她见过的风浪也不少。

我在交朋友的时候就喜欢一些成熟、年纪大的人，因为我觉得我可以在他们身上学到很多人生经验。

或许你们会觉得我的样貌跟我的年纪不是很相近，但我觉得我的年纪跟我的思想就差不多了。或许可以超越了。

哎，这个契妈呢！香港的很多戏子到了新加坡一定会拜会她，因为她是出了名的有义气。

对女人来说如果说是够义气，除了我这位契妈，就数梅艳芳。

为梅艳芳澄清

梅艳芳就我合作的女孩子来说，是我最喜欢的一个，她在事业上帮过我很多。

或许你会说："你有没有搞错，梅艳芳是一个新秀来的。"

是的，没错！

如果你们不是很善忘，梅艳芳出的第一张唱片叫《心债》，第二张唱片叫《赤色梅艳芳》。

等到《赤色梅艳芳》发行的时候，她的唱片已经卖到18万张了，她的唱片已经拿白金了。最近估计已经过了20万张了。

她一出道就大红大紫，很受广大听众和观众喜欢，当时有人说她吸毒、有过小孩子之类的，但我觉得这些都是恶意中伤，我觉得没有多少人可以像我这样接近梅艳芳，除了刘培基。

理由是我们演出的时候，很多时候我们两个是分开两间房，但由于梅艳芳怕黑的关系，经常把中间的门打开的。

她虽然有时比较喜欢上舞厅，但到了登台的时候，她是非常乖的，没有去到很晚才回来。

我也是这样，在登台演出的时候，我也只会坐在酒店消磨时间。

你们不信吧！我们到了外边，经常就会拿着一大堆亦舒、林燕妮，差点连伊达的小说也看，不过没有看到。

在那段日子，有一天，我偶然看到她的手臂，就是很多人说梅艳芳有文身的地方。看完右边，再装着去厕所看看她的左边，仍旧没有看到你们说的那些文身。

我觉得有什么必要对这个起得这么快又这么有潜质的新人进行

迫害呢？我自己也曾经这样被人迫害过，说我什么“大麻仔”“红丸仔”啊，什么都吃。

梅艳芳的手可能滑过很多女孩，为什么她不穿短袖衫，就是因为她自卑，她的手就是瘦得出奇，她才不穿短袖衫。

我不知道她现在还会不会穿。

但我很赞成她这种态度，“即使你们说我身上有文身，我是不是就要卷起衣袖让你们来看，告诉你们我没有文身呢？”到了今天她也没有这样做，只有我跟刘培基两个人看过她的手臂。

刘培基看她手臂理由很简单，因为要经常跟她试衣服。我没有必要帮梅艳芳澄清这个文身的问题，只不过我觉得没有必要再让人误会她是一个有文身的女人。

虽然文身只是一个个人兴趣，也不是说一个文身的女人就是不正当的，但既然在这么世俗的眼光中，觉得文身的男孩或女孩是不好的，我就觉得需要为梅艳芳讲句公道话。

这是一个对我很有影响力的女人，我不想她蒙受不白之冤。

很有义气的梅艳芳

我说她这么有义气，你们会问她怎么有义气啊？我记得去年我们去新加坡、马来西亚登台的时候我患上了支气管炎。

梅艳芳让我先回酒店休息，而她帮我通宵练了所有我要唱的歌，有十多首。并不是你们想的半小时可以练完，而是需要四五个小时才能练完的。

她其实没必要为我这样做的，而是因为这就是她的性格，她关心我，才会这样做，所以就觉得梅艳芳是一个不可多得的朋友。

我知道她现在的心情是一个低落期，我也已经劝过她，在事业上她也还有很多事情要做的。

CHAPTER

06

未 来 的 计 划

演唱会

不希望再提以往发生的事情了，而且也说得差不多了。

其实还有很多琐碎的事情在我脑海里没有搬出来，但我觉得这些事太琐碎了，你们有没有兴趣想知道……

或许应该给我一些保留，我觉得也是很应该的事情。但是大部分的事情你们都知道得十有八九了。

接下来要跟大家说的就是我未来要做的事情，这也是广大读者想知道的事。譬如说我将会推出的演唱会。有些人会问，你会做多少场啊？会有些什么东西做出来让大家看啊？

在我做这么长的自述的时候，我还没有plan好我的演唱会会有一些什么东西让大家看。

但我可以很认真地告诉大家一句，我要给大家看的是一个纯纯正正的张国荣演唱会。

而你在我的演唱会不会看到其他人的影子，这是我向所有的唱片监制和演唱会监制所要求做到的事情。

这次演唱会对我来说也是很重要的。在演唱会上，我当然会把我八年的演艺经验都展示给大家看。

八年的经验来自我在电视、电影、唱片方面的一些作品，所以我的演唱会可能会是一个比较有视听效果的演唱会。

希望合作的导演

但是人永远都要进步，讲了演唱会之后我会想做些什么呢？我现在还不知道。我自己有很多抱负还没有完成。

我很想去拍一些导演的戏，譬如每个人都说拍他们的戏是受难的徐克、许鞍华、谭家明等。

虽然很多人都说谭家明是一个背锅的导演，他拍的戏都是不卖座的，但我觉得他还是有才华的。还有我知道我未来即将要合作拍影片的导演楚原是一个从我刚出道就看好我的导演，所以我下部戏要跟他合作，我会完全把自己交给他，我希望他能做一些很好的电影出来。我很想合作的导演还有很多，这里就不一一尽述了。

做完演唱会我不知道我的收获会有多大，我也不是希望做完这个演唱会以后，我会在很多台的节目里多获几个大奖，我只不过是希望对我这八年有个交代。

我始终觉得我是幸运的，无论是做人方面还是做事方面。

我熬了八年，都没有开过演唱会。

但一开就是在红馆，还是四面台，这对我是一个很大的挑战，我没有过这样的经验，但我会尽我的能力拼到底。

一些心愿

我的心愿很多人或许不知道，我很想拍一部舞台剧。在我的从影生涯里，我最喜欢的一个朋友就是万梓良。

前段时间，他跟我在一家咖啡馆碰到，谈起如果有机会，希望大家能合作搞一个舞台剧，这是一个新的挑战。

做完演唱会、拍了电影之后，我希望能做一出很好的舞台剧。或许大家还不知道的是，我喜欢旅游。我去过不少的地方了，东南亚、欧洲。

做完这个演唱会，我会再次去欧洲浪漫一番。或许是到别的地方走走，看看别处的风土人情。其实时间是很紧迫的，或许只是自己的一些理想，也希望我忙完以后，在我爱情那一页能有好好的收获，我想每个人都希望事业、爱情两如意，那是最开心的。

事业方面我有了很大、很明显的进展了，但是在感情方面自己还是一塌糊涂。或许大家会说，在这个年纪，你为什么还不结婚啊？

有这个必要吗？！

我觉得两个人很好的时候在一起就足够了，如果是不好的，你结了婚仍旧会分居，仍旧会离婚。

我觉得那一张婚姻证明书是一种无形的累赘。

在未来的日子，我会努力做更多的好东西，能像你们期盼的那样。

还要尽量做好一点！因为我想，在这个娱乐圈里面，我还是不会待太久，只会做一段时间，之后我就会隐退。

在这个日子之前，我希望能够使大家一直铭记我，不要忘记我。这样说来好像很沧桑。其实我不是这样沧桑的。人永远还是有很多事情要做的，也不需要这么快就认为我会想退休那样子。

哈哈，在这里我最后想跟大家讲一句：我会继续努力地做事情。让大家能有多些东西看。如果要突破可能不是那么容易就讲出来的。

但只是想跟大家说：很感谢大家对我的捧场！谢谢大家！

CHAPTER 07

十年人事几番新

十年人事几番新

珍惜过去，肯定现在，把握将来

算算日子，自参加亚洲歌唱大赛至今，原来已过去整整十年时间。对于一位艺人来说，十年真是一段很长很长的岁月，而事实上，这段日子的确令我有诸多的体会，明白了这个圈子有可爱之处，亦同样有可悲之处。

回想往年，难免令人感触一番，当时年少气盛，所追求的莫过于名与利，但是时运未到，无论如何努力，到头来还是得不到共鸣。

我承认在当时一度灰心失意，因为自己永远位于次要位置，别人不做的“戏”由我顶上，别人不唱的歌由我接着唱，我曾经质问自己究竟为了什么，既然做得不开心，又何故还留在这个圈里。

我自幼从未受到什么重大挫折，所以在那一段时间真是直接打击我的士气。不过因为生性好强，加上对自己极具信心，我不相信就只得这样的成绩，所以才决定继续留在娱乐圈等待机会。

当一个人去等待一件未来不知是否会发生的事时，心情是相当矛盾的，因为是无止境地等，有成绩固然开心，若到头来还是一片空白，真会后悔为何如此浪费青春。

但是我没有顾虑太多，还是一直在做，尽管被人拆台，被人责骂，我也硬着头皮忍受。

记得有一次，在我表演时，为配合台风，把头上帽子抛向观众席，却立即被抛回了台上，当时令我十分伤心，真想找个洞钻下去呢！这不愉快的经历，相信我这一辈子也不会忘记。

记得早几年的我，每逢遇上一帮朋友聊天叙旧，他们都会问我为什么不开心，脸上总见不到欢颜。

我想自己可能患上了抑郁症，至于病源则是对自己不满，对别人不满，对世界更加不满。那段日子真可以用黑暗时代来形容，只要空闲我都会泡在迪斯科厅直至夜深，用喧嚣声来麻醉自己，用烈酒来刺激自己，夜夜笙歌，于别人眼中可能是人生几何，但是久而久之，我由麻木到厌倦，由无所谓变为讨厌。

从这时开始，我觉得不可能再用消极方法去面对现实，而是应该积极一点，因为运气并非偶然，必须靠自己把握，更重要的还是靠实力取胜，所以我仍然继续勤练唱歌，亦在演技方面不断地磨炼自己。

撇开别人接受与否的问题不说，我觉得付出的努力，并没有白费，起码所唱的歌，所演的戏，明显是有进步，尽管别人还继续将我和其他人比较，不过于我而言，看到一点成绩总是感到欣慰的。

从事娱乐工作至今，观众一直未停过把我与某某比较。

我不知为什么如此，总是把毫无关系的事情扯到我身上，最初我是极不喜欢的，因为人比人，永远是比死人，我可能比其他人好，但全世界人才辈出，我又怎能够永远抱着胜过他们的心理。

我只是希望做好自己本分，令喜欢我的人继续喜欢我，令最初不喜欢我的人，至少不要讨厌我，我已经感到满足，因为我不是圣人，不能够使全世界的人都和我有共鸣。

去年的《劲歌金曲》竞选，对我的人生观影响至深，以往一直追求完美的我，终于明白了世事往往不如己愿，希望越大，失望越大。

1986年是我事业最满意的一年，因为所付出的努力，明显得到人们赏识，还以为大家已接受我，怎料在《劲歌金曲》选举当晚，深深令我体会到当年被“拆台”的失落感觉。

有段时间我一度很不开心，因为不明白为何别人要讨厌我，但后来得到公司和朋友的劝解，我终于平息了心中怒气，还开始学习以“猝然临之而不惊，无故加之而不怒”的态度面对现实。

果然在这一年，我成熟了许多，可能别人看不出，但我自己却感受得到。因为以前的我无论对人对事都十分冲动，不会去隐藏自己的情绪。但其实在娱乐圈，这样的心态是行不通的。

尽管现在我仍然是脾气火爆之人，不过不会轻易表露出来，因为人是平等的，无理由自己不高兴便随便发脾气，影响别人，结果还是自己吃亏。

更何况我所付出的努力，是必须向自己交代，至于别人接受与否又是另一回事。

经过一段时间的学习，现在的我所抱着的是随遇而安的态度，不再追求太多，因为该是自己的便自然会来到面前，但若勉强追求，则未必一定能够如愿以偿。

初入娱乐圈之时，无论圈内圈外的朋友，都说过我的性格其实并不适合在这一行待着。而我自己也是认同的，因为在人际关系方面，我并不如其他人那么好，但我已尽力去做，此点也是最失败之处。

不过若问我适合做什么工作，我又真想不出，故此就算当初表演事业成绩并不理想，我也留下来等待机会。

我自知在这方面十分失败，从未替自己的未来做过打算，就是现在稍有成绩，也不会考虑另做投资，因为我既无生意头脑，也没有胆量，拍戏辛苦赚来的钞票，一下子就没了。

这就如赌钱一般，周围的朋友打牌筹码越大，牌就越好，我根本不是他们的对手，所以不敢玩，怕输太多，一来会心痛，二来又无面。

有时我也会担心，以后若不在娱乐圈可以做什么，想了半天，或者开设计公司，或者做时装店生意，因为这两个行业，自己是略有兴趣和心得的，但现在是言之过早了，到时真要改变时再做打算也不迟。

转投新唱片公司之后，好像接受另一个新挑战般，令人斗志增加，连心情也到了另一个境界，也不知怎样形容，总之是好多于坏。

事实上，在这几个月来，我的心理压力增加了不少，一方面工作忙碌得令我透不过气，加上自己好胜心强，不希望转了公司之后，给人感觉水准不及以前，所以我更要加把劲。

尽管我的性格比较独立，但仍然得到很多朋友的鼓励，比如梅艳芳和黎小田他们给予我不少意见，令我增加信心。

讲到梅艳芳，她是一个很有义气的女孩子，是我在乐坛很少见到的。欣赏梅艳芳是从她对人对事的例子所感受到的，因为在任何情形下她都会站在朋友的一边。真想不到一个女人，竟然有此性格，实在难得。

虽然我们已不再同属一家公司，但是相信彼此的友谊仍能够维系，更加希望有可合作的机会。

已有四年没有在夜总会演出，所以日前答应香港一家夜总会邀请时，心里十分矛盾，怕自己不能够胜任。

回想几年前于夜总会演唱时，所遇到的不开心事情至今仍记忆犹新。因为当年乃是毛头小子，名气不大，所以被安排唱歌的地方也属于二三流的夜店，当然这些地方难免复杂一点，但是为了增加出台经验，我也会接下来。

当听到观众拍掌，心情是极度兴奋，但是免不了会有一些滋事分子存心捣乱，我就有过被一些醉酒的大汉将杯子猛力掷中的经验，本来我曾一度有意还击，但想到这小小的打击也不能忍受，日后怎么面对更大的问题，于是我便警告自己必须忍受，果然后来有更多同类事件发生，自己从而训练忍耐性格。

不过这次在夜总会登台，所得到的反应是前所未有的，令我有希望一直唱下去的感觉，因为和歌迷距离拉近，大家接触容易，所以很深切地体会到歌迷对我之情，最难得他们并非全是女孩子，而是男女老少都有，所以我很开心，自己的歌路亦扩宽了，不再局限于情歌。

幸好，经过多年不断努力，我终于能够与歌迷们取得沟通，希望在未来的日子里，多唱更好的歌，得到更大的满足，当年我的忍耐，总算没有白费。

梅艳芳在过去几年是和我合作最多的女星，所以不知不觉间我们便成了好友，遇到什么心事、难题我都会找她倾诉。虽然她的年龄比我小，但是人生经验丰富，而且懂得体谅别人，以至于我事无不可对她言，简直就如两兄妹般。

一度因为和她来往密切，也曾给人错觉以为我们在拍拖，其实我和她熟得像兄弟一般，完全没有异性的感觉，更遑论擦出爱的火花来。

梅艳芳是一个永不言败的女孩子，她的信心强，野心也大，所以她会用尽自己的能力去争取应得的一切，这点无疑令我十分佩服。更何况大家也是经过艰辛的日子，才有今日成就，故此才会更加明白对方，更加珍惜现在。

和梅艳芳合作后，你会发觉她是一个很聪明的女孩子，无论是在音乐还是舞蹈方面，都是一流的人才，加上后天的努力，令她在短短几年间成为一级歌手，这点相信没有多少人可以和她媲美。

不过梅艳芳唯一的缺点是太爱玩，不懂得照顾自己，有时看到她总是入院治病，也实在令人忧心，所以在此衷心祝福她身体健康，努力养胖自己，我真不想每次与她一起拍戏或者上台唱歌之时，她都是抱病上阵，更不希望她的身体孱弱至被一阵轻风一吹便倒下来。

（1987年刊登于《银色世界》）

知名人士

不要看我外表洋化，其实我是一个虔诚的佛教徒，每逢遇上大节日，我都会诚心供奉香烛，而在求神祝福自身之后，一定会到泰国还神，并再次许愿，以求每件难事都会迎刃而解，每遇险阻都会得到庇佑。

其实小小年纪的我，已对佛经有研究，因为当年我的脾气十分暴躁，每逢遇到不开心的事，定会大发雷霆，总觉得自己是对的，别人是错的，而且在追求理想方面，亦不时有不切实际的幻想，以致希望越大，失望越大。但自从笃信佛教后，在佛经上得到暗示，明白了万事讲求缘分和际遇，当有些东西不属于自己时，勉强亦属多余。

除此之外，一位相士的赠言也令我心悦诚服，因为在早几年还是浮浮沉沉的日子里，我去寻求相士的解答，是否我就这样度过一生，当时他对我说，在我的人生之中，是要经过一次低落期的，这段时间会很长，大约要十年之后才会有另一个转变，到时事事如意，一帆风顺，就算遇上再困难的问题，都会像拔一根头发般解决自如。

因为工作关系，我时常会接触到不同类型的人，但是讲到知心朋友，除了与我较亲近的几位，如陈淑芬、陈洁灵、黎小田等人之外，其他的只能算是点头之交，大家只为工作上的接触而相处，平时很少碰面。

可能我是一个不善言辞的人，所以如果大家倾谈的话题，并不是自己所熟识的，我大多会保持缄默，很少参与或提意见。

在娱乐圈，其实我的朋友也不算少，如和我合作过的钟楚红、张曼玉、朱宝意，又如张学友、阿B等，他们都是我的好朋友，不过我这个人就是生来太被动，如非一起拍戏，我很少和他们联络，但是一有合作机会，就天南地北地无所不谈。

人与人之间的相处，有时是要讲求缘分的，所以别人常把我和陈百强比较，其实我们的友谊并不如外界想象中的那么好，只不过经常合作，所以给人一个错觉罢了。我和陈百强认识了许多年，但是一直交往不深，只是工作上的接触，可能因为当时同属一个经纪人，而且我们的形象和年纪相仿，故常常被人拿来比较。

有段时间，我也为这些是是非非而感到很不高兴，因为我和丹尼不太熟，有时因为外界的渲染，令我们见面也感到尴尬，这样也会间接影响我们的友谊。

但是我可以说一句，我并不是不喜欢交朋友，而是比较被动而已。

本来，在娱乐圈中摸爬滚打，采取被动的交际是不大适宜的，因为身为一个艺人，如果过分孤僻，很容易被人误会——高傲、耍大牌等，这样对争取观众、歌迷支持是十分困难的，奈何我的性格偏是这样，非改不可。

不要看我外表不羁，就以为我是一个贪玩之人，其实除了一些必要应酬外，我很少在迪斯科厅、夜店等地方流连。

我之所以不喜欢到这些地方，是因为怕人多嘈杂，以前如是，现在更甚，当然啦，若遇到朋友的聚会，就是心情不佳也要到一趟，不过当去了之后，第一个提出要走的通常也都是我。

我想可能现在心境不同以往，再不喜欢一帮人大吵大闹。

如果不用唱歌、拍戏，大部分时间我都会待在家中，因为只有这处地方才能够令我安心，可以自由做自己喜欢的事。

每个人都有他的嗜好，而我自己在不同年代就有不同的喜好，就如读书时代，我喜爱运动，如羽毛球、排球等，我都是学校代表队的成员之一。

但是现在，可以令我投入其中的，相信只有室内和其中的摆设了。

在这方面我算是一个喜新忘旧的人，每每见到屋内的摆设已几个月时间，我便希望更换一下，以图新鲜之感。

除此之外，我也喜欢在外国订购一些可能世界上只有一两张的椅子，放在家中研究。所以到过我家的朋友都会感到奇怪，为何在墙边的一角，放了一张椅子，而且还用射灯照着。

当他们向我发问之时，我便很乐意将所知道的历史告诉他们，虽然有人会觉得这样做很荒谬，不过我却认为很有情趣，有时研究研究也会花去数小时的时间。

我不否认，今时今日的我嗜好与以前已经大不同了。

这十个年头

从1977年在亚洲歌唱大赛获奖继而跻身娱乐圈至今，算下来不觉已有十个年头了。回头一望不禁吃了一惊，十年了。十年又岂是一个短日子？

想当初，我本无意把一生中黄金的十年投注在歌坛，只是时事所趋，我便顺其自然地去试去唱去做，也没有计较过将来要得到什么报酬，或期望过有一天要如何名利双收。

所以，多年来的沉寂，对我来说算不了什么大打击或挫折。真的，这一点我的确可以这么说，很多人形容我“守得云开见月明”，或者“苦尽甘来”，但其实，我并不觉得这些年来是在“死守”，更不觉得怎样“苦”。我只是在努力做好分内的事，把工作当成爱好，一方面也抱着见识世情和考验自己的态度去干，对得失看得并不那么重。

当然，没有人愿意看到自己的努力始终没有成绩。我也曾因某些不如意变得沮丧失望，但总的来说，这些年我还是在积极、愉快、进取的心态下去闯去干，而非如大家想象的“郁郁不得志”或“闷闷不乐”。

回望过去，的确有苦有乐，有酸有甜。这段日子将会在我的记忆里永留印记，我会很珍惜、很回味这段酸甜苦辣、喜怒哀乐的时光。它既是我的黄金岁月，也是我成长过程中的一幅素描。

愁绪（1984）

那天回无线，准是我消瘦憔悴得太吓人，把记者们都吓了一跳，纷纷来嘘寒问暖。毕竟，情绪这东西是最瞒不过人的，我也懒得强颜欢笑去掩饰什么。

感情与爱情，真是一件难以捉摸的怪东西，它可以令你神魂颠倒、甜蜜温馨，但一翻过来，也可以令你肝肠寸断、伤心欲绝。近期心情很差，对什么事都提不起兴趣。这样的日子并不好过，但愿它早早离去。他们总爱问我跟她的感情如何。叫我怎么回答呢？我可以说的只是，大概两人的感情已进入另一个阶段吧。罢了罢了，不愿再多提。也请老编原谅我不能在这儿解释什么。

以前，我只知道音乐可以助兴，可以带来欢乐。在这些悲戚戚、阴沉沉的日子里，我才真正领略到音乐的伟大力量。它竟然也能为我分担烦扰，解开我的愁怀。轻轻放上一张古典音乐，为自己调杯青柠薄荷，就这样手执一书躺在沙发上消磨一个晚上。寂寞吗？不。我只需要一个人独处，想想过去未来。

不用什么陪伴，只要给我音乐。

记忆的浪花

J，我又单独来海边听潮声了。

一直深信，N个世纪以前，这里就有一片海，已经把我们的故事，完整地记录下来。回转在起伏的浪涛里，只要思维旋进海潮的音浪，记忆的浪花被时光飞溅了。

曾经我们比肩地印下足迹，在这一弯沙滩上，迎向海景的柔和，你那披肩的长发，拖成一道弧，从我凝视的眼帘掠过，顿时圈成无数的圆。

此后，圆开始在我们周遭不停地旋转。

在滩的彼岸。我说：

“男的足迹，一定比女的大。”

当时好不服气，随即就将你的脚叠印在我的足迹里。

船是很哲学的，不论单独或是成双。

J，某一个星夜，我让思维沉湎在足迹和船的联想里，由负载的船意会，足迹负载着足迹。

J，你可知晓？在不经意间，我们把足迹，陷得更深了。

潮来了，掩盖了足迹，足迹负载着大海。

旧梦须记

你是否记得？那小小的、美丽的、属于我俩的旧情。有欢笑，也有歌声，我深深浓浓地怀念着。

我怀念那充满欢乐的小旧梦，你那粉嫩的红脸，盛满了丰富的感情，与浮荡着淡淡忧郁的眼睛，总是魂牵梦萦地令我怀念，怀念……

在那霏霏的细雨中，我俩共撑一把小花伞，并肩走过那古老的小木桥，雨在伞上，狂野地喧哗着，伞之下，我俩喁喁私语，说着情话。

我总爱凝望你那含忧的眼睛，与那盛满感情的粉脸。为什么这样盯着我？久久，你终于羞羞地低下头。那片刻，这世界仿佛只有我俩存在。

轻盈的笑声，迂回在霏霏的细雨中。

别后，你突然对我不理睬。要一刀两断？却又不肯把我送你的童年照片还给我。

我变得十分颓废，难道你真不知道我对你一往情深？

我不是一个爱则欲其生，恨则欲其死的人，你也不是个心胸狭隘的人，我真不明白，为什么我俩终不能冰释前嫌，恢复那逝去的感情。

不明白，我始终不明白，你会如此狠心让它死亡、湮灭。

岁月终随时间流逝，青春也一去不返。愿你也像我一样，珍惜这小小的、美丽的、属于我俩的旧事，让我们各自把它深藏在心坎深处。

我在想，当我们两鬓霜白时，可会重温这蓝色的旧梦？

20世纪80年代写给《金电视》的旧文

我的脾气就是不喜欢赖账，既然答应了给钟文娟在短短一周内完成这篇自由稿，便得快快完成它（虽然限期已过）。

这次我不会为你们写我的童年，反正我的童年一点也不值得去回味（可能更会引起我些微的伤感），也不希望谈及将来，因为感觉实在太遥远。最后，我选择了谈现在。我觉得做人一切都得从现在去想，因为这样比较实际，可能“现实”是很没有诗意的字眼，但人总是脱离不了它，现实也可以平添不少个人的复杂愁绪。

和陈百强一样，我们喜欢走在一些年纪比我们大的人群中，可能是在倾谈的范围上比较广，而且在感觉上智者必然比我们年纪大。角色并不表示我们在扮演着成熟，而可能是我们很早便踏入这个圈子，光怪陆离的粉墨生涯迫着我去改变，使我在外表上跟思想有了一个很大的距离。

我是一个很不满现状的人，每天都在逼迫着自己去前进，我也喜欢静静地想，所以我选择了自己一个人独居生活，在冷冷的冬夜里研究着人们的心理，喜怒哀乐的产生，其后果的杀伤力，等等。

我不习惯给人家去评论，也不轻易改变自己去迁就别人，总而言之，我想我非常固执和自我，旁人绝不容易发现银幕下真正的我。I'm what you think. I'm便是了，反正我未必一定会引起你们的兴趣。

刚刚又大了一岁的我，在生日晚宴上收到了很多朋友的礼物，有陈百强的YSL香水、罗文的VERSACE领带、吴文雄救世者的主角的XO白兰地，也有雪梨及钟保罗送来的新型电动……不过今年最特别的生日礼物，却是丽的电视台送上的一份中篇剧本，而交换条件就是我的三千烦恼丝，以我以往的爱美性格，这可能在朋友眼中是一个很大的抉择，但是我却欣然接受这要求，因为我觉得这次我是应该从艺术方面去想，反正光了头可能会带给我好运啦！！

《群星谱》（全东南亚最权威的娱乐画册保存版）

不得不承认，近两年来自己运气相当不俗。遇有人家褒奖几句，我亦会习惯性地回报一句“幸运哦”。

其实，我一向对幸运别有一种观感看法。也不知是否正确，倒觉得不吐不快，就借此机会诉一诉吧。

依我看来，幸运来时，实则亦标志着“不幸”两个大字。若我们能再把“不幸”二字改为机会，那才能真正从幸运中得益。

同样道理，失败也可以说是一种幸运。

失败有时像一座警钟惊醒我们，叫我们自我反省，因为我们或许走错了道路，做了我们不合宜的事。

一种惨败或许便是一种幸运。

在我眼中，幸运并不是什么好运事情发生在你身上，而是看你怎样去应付发生了的事情。

有人会常做错事以致养成不幸的习惯，例如，你承认自己是不幸的，情愿服从那些似乎是不幸的事，不断地用头去撞墙，对自己的不幸只知姑息怜悯等。

反之，有人懂得去盼望机会，打开眼睛四处探索它，等它来临便好好利用——这就养成了幸运的习惯。

真的，幸运不是一种偶然发生的事体，而是一种习惯，一种将偶然的事变为于人于己有好处的事的习惯。

每个人都可以碰到好些机会，然而只有他能捕捉住的才能为他带来利益。

捕捉机会的秘诀，多半是做那些偶然而来的小事情。

如何去认识机会是可以养成的。这种眼光多半可由盼望幸运而得。

碰着坏运气便失去了勇气，是最不智的。我总相信，在表面不幸的事情里头，或许会藏着好些幸运。

1985年歌星心事

耕耘（一）

全力以赴报答你拥戴

恭喜、恭喜、恭喜各位歌迷朋友，新一年事事顺利，我自己亦希望新一年有更多好歌唱给大家听。

讲起我在乐坛奋斗多年，尝尽不少酸甜苦辣的滋味，今日总算有了一点点成绩，这些成果，都是经过不断努力争取来的，我并非像一些幸运儿，一出道便一炮而红，而是一步一步从底层爬上来，经过挫折，也经历过无数次的失败，但凭着自己的一股毅力，不断地自我突破，才令歌迷由最初的不待见，继而接受，以至现在他们狂热的拥戴，其间历尽辛酸的过程是非笔墨所能形容的。

由于得来不容易，所以对今天的成果，我特别珍惜，无论我是登台、开演唱会还是拍戏，都是全力以赴，不敢掉以轻心。因为创业难，守业更难，要保持自己现时在乐坛的地位，便要不断地寻求突破，要求自己不断地进步，这种奋勇向前，不留恋过去风光的精神，是迈向成功的原动力，是每个艺人都必须具备的。

我对于自己的每项工作，无论是电影还是唱片，都是把全副精神投进去，希望做到最好，尤其是每次的个人演唱会，我更是十分重视。因为个人演唱会，不但是一段时间内自己歌唱成绩的展示，也是令我获得满足感的时刻。说现实点，开演唱会更是一个歌手收入最多的工作，所以每当打算开个人演唱会时，我都会将它放在第一位，将其他的工作提前完成，或是暂时搁置，利用几个月的时间去准备，以最佳的精神和体力去演出。

耕耘（二）

我背后也有一个女人

“一个成功的男人背后，都有一个女人。”这句话不知是谁说的，对我也颇适合，虽然我并不算有什么成就，但多年努力总算做出一点点成绩，而我的背后也有一个对我的事业有很大帮助的女人，这便是我的经纪人陈淑芬。

谈到我的这个经纪人，不得不佩服她的精力充沛，不但照顾得我无微不至，还要兼顾恒星公司的业务，每件事都处理得井井有条，从不显慌乱，有她在身边，我便特别放心，因为知道她会悉心地为我安排一切，为我解决困难。除了为我安排工作外，有关合约签注、谈片酬、演出费都是由她负责。

作为一个经纪人，自然有为旗下艺人争取利益的义务，凭借她八面玲珑的手腕、伶俐的口才及敏捷的思考，通常都可以为我争取到较佳的条件。但在商讨的过程中，有时态度难免有点强硬，所以与她交手的人，对她自然不会有好的印象，久而久之，江湖便盛传陈淑芬这个人霸道、难惹，将她形容成生人勿近。这些话后来传到她的耳中，她竟然几天都不开心，因为想不到外界的人对她有如此的评价，而她难过却不完全是为了自己，她是担心自己形象不好会对旗下艺人有影响。陈淑芬便是这样的一个人，从不会为自己先想，却忙着为其他人操心。

作为她最密切的工作伙伴，我对陈淑芬有深切的了解，她是个和蔼可亲，并且健谈的人，精明能干却不会太露锋芒，由于好胜，所以有一股不服输的干劲，做任何事都全力以赴，她是性情中人，多接触才会发现这个人的可爱之处，有时江湖传闻是不能尽信的。

耕耘（三）

重视包装这一环

现今的社会注重“包装”，商品如果包装得不好，任是如何货真价实的优质产品，都会被人忽略。日本商品如此受欢迎，战后几十年间由战败国而一跃成为超级经济大国，除了精研科技、创新产品，加上他们国家的人齐心协力外，他们的包装政策成功，也是一个主要原因。

日本货包装精巧细致是世界有名的，而且品质管理严格，一粒糖果之微，包装的纸也是精心设计，无论是颜色还是图案都是一流的，姑且不论味道如何，单看外表已能激发起消费者的购买欲。在这个注重包装的年代，任何商品要有好的销量，一定要注重这点，唱片也不例外，所以我对唱片封套的设计一向十分重视。一张唱片销量多，歌曲好固然重要，此外封套够有吸引力，亦会刺激歌迷的购买欲，因而销量大增。所以我每次出唱片，都会用心地去拍封面，最近推出的唱片，更是远至加拿大拍摄雪景，希望能让歌迷耳目一新。

这次在加拿大拍摄雪景唱片封面，较早时唱片公司已有此意思，刚好那时我在加拿大登台，公司便派了一个摄影组到加拿大，与我会合，利用几天时间摄制完毕，一举两得，也省了我不少时间。不过在冰天雪地下工作并不好受，当时的温度是零下几摄氏度，冻得我的耳朵几乎掉下来，五官几乎没有感觉，在寒风刺骨的情况下，还要装出一副潇洒的模样，现在想起来，也觉难顶呢！不过幸好出来的效果却不错，歌迷的反响也很好，我这趟辛苦，总算没有白费。

耕耘（四）

接受歌迷劝告戒烟

以前我抽烟抽得很凶，尤其是紧张的时候，在想问题时更是一根接一根地抽，但最近我却决定戒烟，主要是为身体健康，而且经常有歌迷写信叫我戒烟，除了他们一番好意令我感动外，主要的还是为了自己的事业，因为每天抽烟，呼吸器官或多或少都会受到影响，在唱歌时，尤其是需要极多体能的演唱会，便容易出现无气的情况，作为一个歌手抽烟是有百害而无一利的，所以1988年便下定决心，将抽烟的恶习戒除。其实我的烟瘾并不大，只是一种习惯，因为我抽烟一向都不经过肺部，只是口腔略为打转便喷出。

所以我抽烟的速度比一般人快，对我的健康影响不大，不过日积月累，可能会对气管有害，所以还是决心戒掉。但是要戒掉一种习惯也不是容易的事，所以我采取了两个步骤，第一步，我是以消极的方式进行，首先不买香烟，也不带香烟在身上，改抽伸手牌，一帮朋友，如果是烟民，我自然可以大过烟瘾，假如对方没有吸烟，那就算了。这样虽然有点不好意思，但长期下来，吸烟量确实减少了很多，假如运气好，可能一天也没有机会抽烟呢。接着我会采用较积极的办法，就是向医生请教，在医生的指导下戒烟。因为很多人戒烟之后，便会体重骤增，或是会无节制地狂吃，艺人最怕的便是发胖。为了避免这种不良的后果，一定要慎重进行，在医生的指导下戒烟会比较保险。

耕耘（五）

怕戒烟后变成肥仔

现时我戒烟是进行第一步，第二步相信要等比较清闲的时候才能实行，因为如果一直忙于工作，无论劳心或劳力，都会心痒痒地想吸烟，而且为了戒烟后不致体重骤增，便一定要增加运动量，如果刚好在拍戏期间，晨昏颠倒，没有时间运动，便容易变成肥仔，我还想在这个圈子混下去，所以不想冒险。

我计划用一个月的时间到外国物色一个风景幽美，有湖光山色的地方休息，每天在规定的时间跑步、健身，相信烟瘾很快便会戒除。

谈到去外国休息戒烟，令我想起我已经很久没有度假了，虽然去年也经常出国，但却是有工作在身，行色匆匆，连走马看花的时间都没有，虽然身在美、加，但当地的风光都没法细览，不停地坐车坐飞机穿梭各地。演唱后返港，脑中一片空白，只留下酒店及演出场地的印象，毕竟在外地登台，不同于纯粹去旅行，因此有工作压力，就算有时间游览也不过瘾，起码心境亦有所不同。其实我是很喜欢去旅行的，环游全世界是我的心愿。正所谓“读万卷书，不如行万里路”，去旅行可以增长见闻，多看一些名山大川，也可以令自己的胸襟更加广阔。

不过现时交通虽然快捷方便，但这个世界实在太大了，名为环游世界，其实最多只能在每个国家做重点游览，单是中国大陆，要游遍各省的名胜风光，一年时间也不够，所以想尽窥全豹，是不可能的。近几年我拍戏、灌唱片、登台，不断有工作涌来，有几天假期已很满足，所以想环游世界，现时来说是一种奢侈，要实现这个理想，相信要等退休之后了。

耕耘（六）

多一些努力，不让歌迷失望

现时做演唱会，愈来愈困难，因为有太多珠玉在前，而观众看多了，要求便愈来愈高，所以作为一个制作人对搞演唱会已视作一件有挑战性的事，因为每每挖空心思，亦未必能获得观众的赞赏。不过我觉得这样才是好事，任何事都是不断进步的，人总是有惰性，没有外在环境的压迫，往往便会松懈下来吧。观众的水准高，制作人的脑筋才会变得愈来愈灵活，我们才有更多丰富多彩的舞台表演欣赏。

最近我与经纪人及工作人员经常开会，讨论这次演唱会的形式及内容，我也提出很多意见，初步决定是以夏天为主题，以活力与动感为主，特色是比较着重舞台和灯光，因我觉得现场唱歌，无论歌喉如何好，效果都会比在录音室灌唱片差。演唱会是一种综合性的舞台表演，一定要多姿多彩，才能让观众满足，如果只是呆木般地站在台上唱歌，倒不如回家听唱片算了，因此我强调一定要搞好舞台效果，就算自己辛苦一点也没关系，而且我自信有足够的体力可以应付。

当然，我是十分了解歌迷的心态的，他们买票入场，自然是希望能够欣赏到自己喜欢的歌手唱出心爱歌曲及希望在整晚享受到难忘的视听之娱，因此，制作演唱会，必须从这个问题上动脑筋才是。此外，我特别关心如何令场馆四边的观众可以公平地欣赏我的演出，因为很多演唱会由于其舞台设计所限，往往会忽略某一边的观众，所以我这次希望能改进这方面的缺点，除了在设计舞台时，考虑这方面外，在演出编排方面，也会要求制作人特别注意这点，我宁愿多一些奔腾跳跃，也不希望入场的歌迷失望。

耕耘（七）

在乐坛数载最大收获

每逢开演唱会，最多人关心的是场数多少的问题，任何人都是希望场数越多越好，因为收入也会随之增加，但我觉得这并不是最重要的，我重视的是如何演唱到最好。因入场来看我的观众都是我的拥趸，他们花上百块钱来听我唱歌，如没有些新鲜的东西给人看，便对不起拥戴我的歌迷，所以场数多少我无所谓，起码十场我有十足的把握，但如何将一个演唱会搞得有声有色、丰富多彩，却是颇伤脑筋的一件事。为了增加场数，有些人建议我加开日场，但我拒绝了，因为在日间看演唱会根本没有气氛，不但观众看得不过瘾，就算是歌手本身也会唱得不起劲。在我的演唱会中，我希望能做出突破，一般的演唱会都是每场邀请不同的嘉宾演出，但这次我会用固定的嘉宾，这样可以让我邀请的嘉宾有更多演出的机会，也可以减少冷场。此外，我还会有多种扮相，并邀请中乐团伴奏。

在乐坛多年，我最大的收获，并不是名和利，而是获得一帮忠实的拥趸，他们对我的支持，令我对自己更有信心，他们对我的爱戴与拥护，实在令我非常感动。在我的第一次演唱会中，观众大部分是年轻人，但在第二次演唱会，我却发觉有很多家庭观众，证明我已为普罗大众所接受，不再局限是年轻人的偶像。观众的层面扩大，是一件可喜的事，今后我会继续努力，希望获得更好的成绩。

耕耘（八）

随缘而来，随缘而去，发仔给我的启发

很多朋友都说我近来的性格改变了很多，以前有人批评我高傲，喜怒不形于色，当被问及一些敏感的问题，觉得心烦时，便会掉头而去，凡此种种，我听了不少，有些是善意的批评，有些却是恶意的攻击。但我一直觉得人有喜怒哀乐的情绪，我只是不喜掩饰，用自己的真性情去待人处事，那有什么不对呢？但批评的话听得多了，人也逐渐成熟，有一次自我反省之下，才蓦然醒觉，以前待人处事的态度是太过任性了，有时会令人觉得难堪，于是便决定改变自己性格，我将

自己的心胸广阔，对一切都采取包容的态度，不再以自我为中心，将自己更加开放，让自己拥有接受更多人批评的心胸。果然我改变性格之后，效果很好，很多朋友都说我变得谦虚了，也懂得去体谅别人，我的心境也变得更开朗，活得更加愉快。我这种改变，除了是自己的觉悟外，一些朋友对我也有很大的影响。我与周润发合作拍《英雄本色》时，他洒脱的性格、玩世不恭的人生观，都给了我很大的启发，了解到一个人太斤斤计较是不会快乐的，对名和利看淡一点，便不会有太多的麻烦。此外，我也跟麦嘉看佛经，了解到随缘而来，随缘而去的道理，领悟到这一点，内心变得更加平静。学佛对个人的内涵及修养很有帮助，等我有空闲，我也打算在佛学方面下点功夫。

耕耘（九）

冀望今年夺金马奖归

去年我在乐坛及影圈双线发展的成绩颇为不错，我自己亦感满意，尤其是在电影方面，拍了几部不错的电影，例如，《英雄本色》《倩女幽魂》及《胭脂扣》等，均是叫好又叫座的，在金马奖中，都能得到多个奖项，我提名角逐最佳男主角落败，但也没失望，因为各方都给我很多的好评，也肯定了我的演技，我觉得能获观众的支持，比得奖更加重要。

我演出的这几部戏，不但在票房上有骄人的成绩，而且能够带领潮流，这才是我感到最开心的，例如，《英雄本色》开创了英雄片的潮流，周润发的Mark哥、狄龙的豪哥、我饰演的杰仔都已深入人心，而《倩女幽魂》更掀起一阵拍古装鬼片的热潮，至今仍方兴未艾，接下来的《金燕子》《画中仙》，都是依照这个模式拍摄的，台湾方面跟风抢拍，更是不在话下。不过我最喜欢还是《胭脂扣》，在片中我饰演一个富家子弟十二少，与梅艳芳合作，阿梅还凭这部戏获得金马影后呢。此外，这部是文艺片，是有“票房毒药”之称的片种，但收入却有一千五百多万，很多行内人都跌破了眼镜呢。作为一个演员，我是希望文艺片能够再为观众所接受的，因为唯演出这类片种，演员的演技才能有更大的发挥，大部分喜剧、动作片，演技都是肤浅而没有深度的，大家几曾看过喜剧及动作片演员在金马奖中获奖。今年我最大的愿望是除了演唱会成功外，还希望多接几部好戏，于痛下苦功之后而再获提名角逐金马奖，如果能从发仔手中接过金马影帝的奖座，这便无憾了。

耕耘（完结篇）

片场内难入寐，因有怪毛病

由于未来的几部戏都未开拍，所以较清闲，于是大量补充睡眠，因为一开戏，可能会连续十几天无充足休息。现时我每天都睡十个钟头，真是十分舒服，这种并非被闹钟吵醒，也不必担心明天的工作的睡眠是最快意的，不过《倩女幽魂之二》快要开工了，而且大部分是拍夜戏，我担心到时是否支持得住。

我拍通宵戏时，很多人都赞我精神和体力好，因为我从不睡觉，也不打瞌睡，有时打灯，换布景，或是导演先拍其他演员，明知有一个钟头的空当时间，换了发仔或是其他演员，必然会睡得鼾声大作，但我却不会睡觉，宁愿抽烟提神，或与一些工作人员聊会儿天，有时虽然强烈的睡意侵袭，也没有倒下去睡。有人笑我太过辛苦，不会适应环境。其实我是另有苦衷，因为我有一个毛病，就是睡醒之后，整个人便会浑浑噩噩，双眼发红，很久都不能集中精神演戏，所以有睡意，我便猛抽烟，或在片场散步，这已成为我的习惯。

谈到拍《倩女幽魂》续集，由于之前市场上有了很多跟风之作，所以拍下集便要寻求新突破，无论是在造型还是布景方面都要创新，而且还要加入很多特技打斗的大场面，此外还有很多骑马奔驰剑击的镜头，所以我们一帮演员，包括王祖贤、李嘉欣等，都被徐克召去集训，每周安排几天在沙田骑马练剑。这种集训对我也有好处，因为在这段时期就算不练剑，也要为自己的演唱会做体能训练，练剑骑马都有助我身手敏捷，身手灵巧，可谓一举两得，所以我对这类集训一直都十分热心，几乎很少缺席！

《东方日报》（1988年连载）

2002年评论世界杯的文章

现在有一种说法叫作“蓝色厄运”，从卫冕冠军法国的失利到意大利队1/8比赛被淘汰，其间夺冠热门球队都是穿着蓝色球衣，在争夺出线权的比赛中出局的。今天，巴西队也将穿上蓝色球衣，听说，这是英格兰队打出的心理战术。我想，英格兰队如此用心，也说明他们很重视对手。

脱下传统的黄色球衣，如果能让巴西队在打法上更加谨慎而严密，未尝不是一件好事。巴西队跳的桑巴舞有点音律不齐，在场上没有像英格兰队员贝克汉姆那样统领全军的帅。更重要的是，后防不稳和中场缺乏创造性的隐患依然存在。换上蓝色球衣后，在布局对阵上如果能有所弥补，那么赢英格兰队的可能性会很大。罗纳尔多和里瓦尔多在本次世界杯上的出色表现，我们都看到了。

贝克汉姆和卡洛斯在今天比赛中的直接对话，将是值得关注的。贝克汉姆在冠军联赛中曾两次遭遇代表皇家马德里出战的卡洛斯，双方都很熟悉彼此的特长。卡洛斯的左脚随时能策动漂亮的攻击，他就像一颗定时炸弹。而贝克汉姆防守和助攻能力都很强，在本次世界杯中有四个进球都是他助攻的。精彩的比赛终究要有赢家，我还是期待桑巴军团摧毁蓝色厄运的诅咒。

图书在版编目（C I P）数据

不羁的风：张国荣传 / 张国荣著 .
—武汉：长江出版社，2019.7
ISBN 978-7-5492-6556-5

Ⅰ . ①不… Ⅱ . ①张… Ⅲ . ①张国荣（1956-2003）
—传记 Ⅳ . K825.7

中国版本图书馆 CIP 数据核字（2019）第 130805 号

本书由香港独家出版有限公司委托北京天河世纪文化传媒有限公司授权长江出版社，在中国大陆范围内独家出版中文简体版本。本书内容来自张国荣生前在香港各大报刊、媒体所发表的文章及口述。未经书面同意，任何第三方不得以任何形式转载及使用。
图字：17-2019-146

不羁的风：张国荣传 / 张国荣　著

出　　版　长江出版社
　　　　　（武汉市解放路大道 1863 号　邮政编码：430010）
选题策划　天河世纪
市场发行　长江出版社发行部
网　　址　http://www.cjpress.com.cn
责任编辑　李　恒
印　　刷　三河市腾飞印务有限公司
版　　次　2019 年 8 月第 1 版
印　　次　2019 年 8 月第 1 次印刷
开　　本　710mm×1000mm 1/16
印　　张　16
字　　数　100 千字
书　　号　ISBN 978 7 5492 6556 5
定　　价　69.80 元